早期教育，始于1958

七田真早教经典系列

七田真
0~6岁右脑教育法

【日】七田真　著／思可教育　译／马思延　审校

全国百佳图书出版单位

化学工业出版社

·北京·

图书在版编目（CIP）数据

七田真：0~6岁右脑教育法/[日]七田真著；思可教育译.—北京：化学工业出版社，2016.1 （2023.4 重印）
（七田真早教经典系列）
ISBN 978-7-122-25763-5

Ⅰ.①七… Ⅱ.①七… ②思… Ⅲ.①婴幼儿-早期教育 Ⅳ.①G61

中国版本图书馆CIP数据核字（2015）第285209号

北京市版权局著作权合同登记号：01-2016-0170

责任编辑：杨晓璐　杨骏翼　　　　　　装帧设计：　尹琳琳
责任校对：宋　玮

出版发行：化学工业出版社（北京市东城区青年湖南街 13 号　邮政编码 100011）
印　　装：北京新华印刷有限公司
880mm×1230mm　1/32　印张 7　字数 110 千字　2023 年 4 月北京第 1 版第 17 次印刷

购书咨询：010-64518888　售后服务：010-64518899
网　　址：http://www.cip.com.cn
凡购买本书，如有缺损质量问题，本社销售中心负责调换。

定　　价：36.00 元　　　　　　　　　　　　　版权所有　违者必究

总序

　　2012 年 3 月，"七田真早教经典系列"顺利地与中国广大读者首次见面！3 年多来感谢大家对七田式教育的支持与认可。由于本套作品成书时间比较早，本次我们对内容进行了全面的审校、修订，力求与时俱进。

　　这里要感谢思可教育集团，感谢马思延先生，还要感谢非常"给力"的化学工业出版社！

　　在我很小的时候，父亲七田真就经常跟我讲他在中国的故事：他的出生地大石桥是怎样的地方，后来跟随做工程师的父亲移居大连、北京，直到 16 岁踏上日本国土时的情景。父亲热爱学习、喜欢钻研，中国文化博大精深，5000 年来的各种经典著作想必是他最佳的精神食粮。迄今在父亲故居中还可以看到他细心批注的《论语》、《大学》、《中庸》，在他留下的 200 多种作品里，也常常有中国传统文化的影子，甚至在他去世后留下的随笔中也有一篇名为"记忆中的北京"。可见，"中国"这两个字在父亲的一生中具有举足轻重的地位，如果他知道自己倾注毕生精力创办的"七田式教育"能够回到中国这片"故土"生根、发芽、开花、结果，我想他心中肯定会更加饱满、更加骄傲！

"七田真早教经典系列"能够在中国如此"隆重"地出版以及再版，也和七田真国际教育中心正式进入中国息息相关。2009 年底我们授权思可教育为代理机构。2010 年 9 月 1 日中国首家教学中心，也是全球第 518 家中心，在深圳市正式开学。5 年来七田真国际教育在中华大地上不断开花结果，目前已经在深圳、北京、上海、昆明、广州等城市拥有全直营中心 12 家，也让我们的全球教学中心增加到了 557 家。

我们相信每一个孩子生来都有巨大潜能，这些潜能可以通过科学的方法开发出来，并保持下去，就像鲜花经过浇水、施肥、日光沐浴后终会绽放一样。而爱心是开发潜能的基础，宝宝只有在满满的爱心呵护之下才能有充分的自信，潜能也才可以无拘无束地发挥出来。就像土壤对鲜花一样，爱是孩子成长的基础；同时爱也是有原则、有方法的，决不等于溺爱。给予孩子爱的同时也要严格，要教育孩子学会忍耐。教育的目的不只是上一所好的小学、中学、大学，更重要的是培养孩子走入社会时必备的能力，培养他们的心灵。所以我们一直倡导的是，用爱、严格、信赖来培养全人格的宝宝。

本次出版的"七田真早教经典系列"共有6册：《七田真胎教法》，《七田真：0~6岁右脑教育法》、《七田真：爱与规则》、《七田真：培养优秀宝宝父母必上的7堂课》、《七田真：情商教育法》、《培养右脑思维的33个亲子游戏》，除了最后1本我自己的著书之外，其他5本都是在我父亲七田真留下的大量图书中精挑细选出来的，涵盖了七田式教育的主要内容。从胎儿期开始，从理论与实践两个角度指导父母如何与孩子建立良好亲子关系，如何在爱心的基础上培养心性美好，左右脑均衡发展的宝宝。我希望这套丛书能够帮助中国的家长在教育的路上找到正确的方向，体会到育儿的乐趣；

更加希望伴随着七田真国际教育在中国的发展，有越来越多的中国宝宝有机会接受以心灵教育为目的，重视宝宝综合素质的七田式教育！

七田 厚

七田教育研究所

2015 年 10 月 19 日

前言

如今，养育孩子变得越发困难。

与以前不同，随着核心家庭 ❶ 越来越多，都市邻里关系越来越生疏。一些年轻夫妇在养育孩子时，因为没有可商量的人而显得有些束手无策。这种现象随着社会的发展变得日趋普遍。

尽管有不少图书介绍了一些关于母乳喂养、更换尿布、制作断奶食物等婴幼儿的基本护理方法，但涉及婴幼儿的大脑开发、心智培养、勇气培养及立志方法的图书却少之又少。

当今社会正在经历着重大变革，学校教育也处于转型阶段，我们必须时刻认识到当前的社会背景及发展趋势，这样等到孩子将来上学时，才能得以从容面对各种各样的挑战。21 世纪被誉为"脑科学与教育的时代"，在这个时代，育儿图书比以往担负起了更加重要的使命。

本书汇集了我从 1968 年从事幼儿右脑教育研究工作起直至 2004 年，长达 36 年所总结的育儿理论——七

---

❶ 核心家庭指仅仅由夫妻或单亲与未婚子女所构成的家庭。——译注

田式育儿理论，该理论属于潜意识教育领域，即右脑教育领域，是以"心灵教育"为基础的教育理论。本书综合了七田式育儿理论的基础与诀窍，立足于最先进的右脑教育理论，针对胎教、与初生婴儿的交流对话、照看婴儿以及传递爱的方式等问题逐一进行详细的讲解。同时，为了发掘孩子与生俱来的优秀能力，书中还介绍了七田真教室开发并实践的右脑游戏，并针对年轻夫妇在育儿过程中遇到的种种烦恼，逐一提供解决策略，这也是本书的最大特点之一。

0~6岁孩子的成长主要靠大脑中的右脑发挥作用。右脑在这一时期所受的刺激会影响孩子将来的心智及性格。我们也可以这样认为，孩子在幼儿时期所处的环境将影响他们的一生。

了解这一点之后，我想大家也就能够理解为什么我们常说"幼儿时期是人一生中最关键的时期"了。很多父母正是理解了这一本质，所以正在根据七田式育儿理论进行育儿实践；而曾在七田真教室学习的孩子们长大后也都成为了各个领域的活跃人物。

A.N. 在幼儿时期就进入了七田真教室学习，如今他 26 岁了，已成为全球瞩目的音乐家；T.S. 今年 19 岁，他在 2004 年戛纳国际电影节公映的日本电影《茶之味》中担任主角；S.N. 今年 24 岁，现在在日本东京大学研究生院从事心脏病研究。

此外，在早期的学生中，还有成为大学教授的 S.A.，年纪轻轻就获得环境学博士学位的 M.M.，以及作为女性企业家而获得国家表彰的 K.H. 等。越来越多的七田真教室的学生在社会各个领域发挥着重要作用。

可以说，正是这些学生的成功，向世人证明了七田式育儿理论并非纸上谈兵，而是对社会有益的有效育儿方法。我在这里衷心希望在七田式育儿理论影响下成长起来的孩子们，也能像他们的大哥哥、大姐姐那样，将来成为社会舞台上的领军人物。

目录

第1章 七田式育儿理论的基础

目录

目录

第4章 通过对话培养好孩子

第 **5** 章　提升孩子智力的右脑游戏

目录

第 **6** 章　右脑训练中的常见问题

目录

目录

后记　我们为什么要向中国家长介绍"七田真"

第 1 章

七田式育儿理论的基础

七田式育儿理论的基础，就是从孩子出生起开始的教育——0 岁教育。教育孩子的关键并不是从婴儿时期就向孩子灌输知识，而在于培养孩子的心性。

右脑的力量

　　长期以来，人们都忽视了右脑的作用。

　　右脑第一次被人们广泛了解，是在1981年加利福尼亚理工大学的罗杰·斯佩里教授因为右脑研究获得诺贝尔奖之后。

　　在同一时期还发生了一件事，使得人们开始关注右脑。早在罗杰·斯佩里教授获得诺贝尔奖之前，美国已经出版了一本书，名为《右脑革命》（*The Right Brain*），作者是托马斯·R.布莱克斯理。通过这本书，美国大众开始对右脑有了一个比较细致的了解。

　　《右脑革命》是一本很权威的关于右脑的著作，因此后来被选为美国理工科大学的教材，作者布莱克斯理毕业于加利福尼亚理工大学，是一名电子工学方面的技术人员，同时也是一位发明家。

　　根据一些资料记载，布莱克斯理在日常生活中意识到自己与其他人在用脑方法上似乎有些不同。于是，他开始翻阅大量的大脑研究资料，发现右脑与左脑各自具有不同功能，并对此产生了浓厚兴趣。从此，他把所有的业余时间都花在研究关于大脑的文献资料上。就这样，他所掌握的有关右脑与左脑的知识逐渐丰富起来，并由此形成了一个清晰的观点，这个观点最终被他归纳到《右脑革命》中。

在布莱克斯理的"右脑功能说"大放异彩之前，人们对右脑还知之甚少，更不存在右脑教育法。布莱克斯理在《右脑革命》中说道："据我所知，还没有任何学校实施了右脑教育。"

罗杰·斯佩里教授的同事，加利福尼亚理工大学的J.E.伯根博士也曾说过："此前的学校教育只开发了大脑中的一个半球，即左脑，而另一半则处于闲置状态，其实人类的大脑也许还可以达到更高的水平。不过，如果仍旧沿袭以往的方法使用大脑，其实等同于人们没有去学校接受任何教育。"他指出，如果长期忽视大脑右半球——右脑的能力，最终将导致它被废弃。

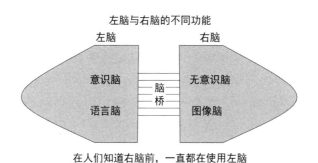

左脑与右脑的不同功能

左脑　　　　　　　右脑

意识脑　脑　无意识脑
　　　　桥
语言脑　　　图像脑

在人们知道右脑前，一直都在使用左脑

不过在 1984 年前后，日本的一些地方就已经开始实

施幼儿右脑开发教育了。这一点可以从我负责的 0 岁教育研究会协会杂志 1984 年 4 月刊的一篇报道中得到佐证。在这篇题为"幼儿的右脑开发"的报道中，介绍了一种右脑训练方法——培养想象力，其中就明确写着"右脑记忆训练"。

20 世纪 80 年代初期，世界开始关注右脑的未知能力。当时，七田式右脑教育法还是一个新生事物。但是在 21 世纪的今天，七田式右脑教育法已备受世人关注。

美国脑科学的权威埃德加·米切尔博士在他的著作《开拓者之路》中介绍道："世界各地关于潜意识教育法的研究已经持续了 30 多年，其中日本的教育者七田真的研究尤为重要，我认为他的方法对美国人也一样卓有成效。"

此外，1997 年，总部位于美国的国际学士院世界知识产权协会还将七田式右脑教育法认定为"优秀教育理论"，并将其评定为世界知识产权。七田式右脑教育法不仅在日本得到普及，还在美国、新加坡、马来西亚、韩国等国家引起广泛关注。作为 21 世纪的新型教育方法，它正在被越来越多的人认可并推崇。

右脑教育将改变人类

右脑具有左脑没有的感觉回路，左脑的感觉需要利用感觉器官，而右脑的感觉是以图像的形式呈现出来的。

在右脑教育中，我们首先教孩子们学会爱，培养他们与他人之间的一体感。这样一来，孩子们才可以从整体上感受事物，并使之图像化。

其实孩子们可以很容易地掌握这种方法。首先让孩子闭上眼睛，使心情平静下来，然后让他们进行记忆、计算或速读练习，此时孩子们能又快又好地完成。这种能力还可以应用到运动和艺术方面，假设孩子想象自己跑得很快，那么就算以前跑得很慢的孩子也可以有信心跑第一。

意识对人的各种身体机能没有丝毫控制力，但是，潜意识却不同。只要使用右脑发挥想象，想象出的事物就会很有可能实现；只要暗示自己能战胜疾病，疾病就有可能会被治愈。

如果地球上每个人的右脑都得到开发，那么人类的能力将会发生翻天覆地的变化，教育当然也当仁不让地会发生很大改变。我们应该如何开发孩子们右脑的功能，改变他们的学习能力呢？我想，首先必须抛弃成见，将眼光投向孩子的未来。

唤醒大脑的"沉默领域"

右脑中还存在一个"沉默领域"，科学家们至今无法清楚地解释它所发挥的具体作用，而这个"沉默领域"就是我们右脑的额叶，它是右脑神秘能力的基地。

以前，人们一直认为，人类只有左脑意识发挥作用，而如今我们渐渐了解到，其实隐藏在右脑额叶中的能力也在发挥作用。

一旦激活了右脑中的"沉默领域"，就可以开发出神奇的照相能力。大人很难做到这一点，但右脑发挥主要作用的孩子们，却能轻而易举地发掘并灵活运用这种能力。

此前，我们还无法用科学方法来解析该领域的作用。但是脑波测定仪的发明让我们可以很清楚地观测到，当人们在想问题或在内心描绘某种意象时，额叶会十分活跃。

科学正逐步为我们揭开大脑的秘密，我们渐渐了解到，很多之前人们无法解释而归之为超能力的能力，几乎都来自右脑。

迄今为止，人类还尚未触及右脑这个"沉默领域"，七田式右脑教育法的基础正是对这个领域进行适当的刺激，使其苏醒并发挥作用。

如何唤醒这个"沉默领域"，其实答案很奇妙，那就是只有内心充满爱、平静与和谐的人，才能唤醒它。相反，一个只为自己着想、主张利己主义的人，是无法唤醒右脑并让其得到开发的。

右脑教育的根本其实是心灵教育，开发右脑的关键在于拥有一颗温和的心。七田式育儿最大的特点是，让实践七田式教育方法的所有家长和七田真教室的各位老师，在通过右脑教育培养孩子们爱心的同时，自己的心态也发生良好的改变。

教育的关键不在灌输知识，而在从"0岁"开始培养心性

　　需要从孩子出生时开始筑起七田式育儿理论的基础，这就是我所说的"0岁教育"。

　　教育孩子的关键并不在于从婴儿时期向孩子灌输知识，而在于培养孩子的心性。然而，现今很多所谓的专业人士还是不能够理解这一点，几乎一提到"教育"，他们就立即把它理解为"教授知识或技术"。很多人都认为自己"一叶知秋"，看到"0岁教育"这个名称，就主观地望文生义。

　　我们如果使用《广辞苑》❶查一下"教育"这个词，会发现它的释义是："教授，养育之意。培养人，使其具有一定的智力。"所以，人们对"0岁教育"的误解也是情有可原的。但是我认为，教育的根本应该是"发掘孩子所具备的素质，增强其能力"。

　　如果按照我的想法去考虑的话，大家就应该明白，为什么"0岁教育"如此关键。婴儿出生时，拥有无限的可

---

❶ 日本最权威的两大辞典之一。——译注

能性和无穷的潜力，但是如果我们不采取任何办法加以引导，比如给予帮助或与其对话，婴儿与生俱来的优秀潜质就有可能随时间的流逝而消失。

幸运的是，现在人们已经注意到了这一点，并且全球的脑科学家们已经聚集在一起，向社会倡导幼儿教育的重要性。

1981年，戴维·休伯尔和托斯坦·威塞尔因为在大脑方面的两个重要发现获得了诺贝尔生理学医学奖。这两项重要发现如下。

1. 感官所获得的体验在教会脑细胞如何工作方面发挥着重要的作用。

2. 一旦过了幼儿期，脑细胞会逐渐失去学习的功能。

托斯坦·威塞尔是哈佛大学教授，也是洛克菲勒大学前任校长，他是这样评价上述发现的："这是非常重要的发现，因为从婴儿期到少年期是人类最为关键的时期。在这期间，孩子必须在充满视觉、听觉等多种刺激的环境中度过。为什么呢？因为他们将在这段时间里构筑起人生成长的基础。"

此外，哈佛大学的阿卢斯教授也说："一旦过了幼儿期，就错过了开发人类大脑功能的最佳时期。人生初始是大脑的形成时期，这个时期一旦结束，开发大脑功能的工作也就基本完结了。2岁至4岁的孩子的大脑塑造相当于基础工程，如果这部分工作基本结束的话，人类的大脑就无法得到进一步的完善了。"幼儿期教育的重要性已在脑科学家中达成共识。

全美健康研究所的弗雷德里克·古德维尔先生曾这样说道："孩子是我们最应该投资的。可现在我们在一个老人身上花费的金钱是在一个孩子身上所花金钱的7倍。不过与以前相比，我们已经对大脑的可塑性有了清醒的认识。因此，很显然，我们不能再浪费大量的金钱了。"

最近的一项研究表明，只要给予幼儿适当的刺激，就能使他们的大脑功能产生以下变化。

语言——经常与母亲对话的孩子，大脑会受到更多的刺激，其语言能力比那些不常与母亲对话的孩子要强。

教育——学习外语、数学、音乐等的最佳时期是1岁至12岁。在这一时期如果对大脑进行适当刺激的话，可以培养这方面的能力。不过处于这个年龄阶段的大部分孩子都在父母的溺爱下偷懒或玩耍。

神经生理学家彼得·哈特罗杰为我们开辟了认识大脑可塑性的道路。他也曾经说过："如果想提高孩子的思维能力和获得知识的能力，幼儿时期的教育是非常重要的。"

进行脑科学研究的脑科学家和神经生理学家一致认为，幼儿期的学习（即早期教育）非常重要。

过了13岁，大脑的基础工程基本结束

　　20世纪50年代，科学家对人类大脑的研究尚是一片空白。60年代至70年代，通过大脑生理学家的研究，人们才知道个人的体验会影响大脑的形成。

　　当时了解这个事实的人们深感震惊，因为一直以来，大家普遍认为大脑是在人体内部自然形成的，是无法被改变的。不过，在科学家们认可这一新观点之前，对此的研究经历了相当长的探索期。

　　最初探索这一领域的是前面提及的托斯坦·威塞尔教授，他正因为这一发现获得了诺贝尔奖。他的理论是这样的：

　　人生初始时期是最关键的学习时期，在这期间，大脑的构造很容易被改变。人从出生到12岁之间的发育期，特别是出生后的13年是具有决定意义的重要时期。在这个时期，大脑就像一个无穷无尽的海绵体，贪婪地从环境中学习，思维、语言、观察等各种能力的基础也在逐渐稳固。过了这一时期，学习的这扇窗子就会被关闭，大脑的基础工程也基本结束。

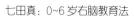

大脑生理学家们对上述理论达成了共识，详情请参阅《普利策奖作家的脑科学探察》这本书。

不过令人遗憾的是，在日本，这种关于大脑生理学的新理论并没有得到正确的传播，反而成了批判早期教育的错误证据。尽管诺贝尔奖得主托斯坦·威塞尔教授强调了早期教育的重要性，但在日本，教育界对此丝毫不予以认同。

在我们提到的一般性早期教育中，包括正确的早期教育与错误的早期教育。所谓错误的早期教育是指，从婴儿时期就开始拼命向孩子灌输各类知识，这种做法常常会受到媒体的抨击。

七田真教室实施的"0岁教育"与此不同。"0岁教育"是自出生时就"给予孩子关爱，亲自照看他们，和他们交谈，并欣赏他们"。七田真教育希望通过父母对婴儿付出爱，为他们创造良好的成长环境，培养他们的心性，使婴儿与生俱来的素质得到充分发挥。这样一来，婴儿不论在身体还是心理方面，都能够健康成长，原本具有的潜力也能够被发掘出来，从而成长为素质高、能力强的孩子。

但是，媒体却混淆了正确的早期教育与错误的早期教育，不分青红皂白地认为"早期教育不好"。而看到和听到这些信息的观众和读者，自然就会认为不适合对孩子进行早期教育。

不给教育设定框架，才能挖掘出孩子的才能

20 多年前，人们就已经认识到早期教育的必要性。但是为何早期教育在日本却步履维艰，遭到众多媒体的抨击呢？这是由于父母或教育工作者没有把握好平衡度，一味关注知识教育而造成的。

在开发和培育大脑的能力时，我们必须使用正确的方法。对于幼小的婴儿来说，最关键的是"传达爱，悉心照看，和他们交谈，并欣赏他们"，这种基本的育儿态度对于孩子成长和心理发展是非常重要的。

如果我们错误地理解了早期教育，忘记了传达爱以及悉心照看并与其交谈的重要性，只是机械地让他们一张张地看卡片，或只是依靠录像、磁带向他们灌输知识，孩子很难身心健康地成长。

七田式育儿理论是让孩子得到全方位发展的教育，它的基础是心灵教育。首先要给孩子进行饮食、修养、体育等方面全方位立体化的指导，随后再实施有效的右脑教育。而且，我们倡导的是左脑与右脑均衡的教育。

在这个过程中，我们必须关注孩子的心理健康，使孩子无论在身体还是在情感方面，无论在语言还是在学习方

面，都取得均衡发展。这一点是不容忽视的。不要给教育设定框架，在期待取得成效的同时，不要给孩子施加压力。只有这样才能挖掘出孩子的素质与才能，同时也能够让孩子养成良好的生活习惯。

为了让大家更准确、更深刻地理解"0岁教育"，我想以一封学生母亲的来信说明这一点。

第一次来七田真教室上课时，女儿已经5个月了。女儿还在我肚子里的时候，我就在书店里看到了七田先生写的《婴儿是算术天才》这本书，并对它产生了浓厚的兴趣。我以前就对大脑生理学很感兴趣。人类一出生就拥有140亿脑细胞，但是我们只使用了其中的20亿。要怎样才能让70亿甚至80亿脑细胞都发挥作用呢？我一直认为这是一件很难的事情。

有了孩子以后，我想，要做到这一点就得开发右脑。于是，毫不犹豫地选择了七田真教室。结果令我非常惊讶，女儿1岁半就很会讲话了，甚至还会说出我从未教过她的词语。天热的时候，她会说："好热啊……"提重物的时候，她会说："好重啊……"当我在百货商场选购商品时，她又会帮我参谋说："这个好！"有时，我会怀疑自己是不是听错了，就问她："你刚才说什么，再说一遍给妈妈听听？"可能是她在七田真教室学习，在那里的语言环境中耳濡目染的结果。

另外在家里，我也会每天利用做饭的闲暇以1秒1张的速度给她看闪卡❶。现在她已经可以跟我用五十音图闪卡做猜猜游戏了。女儿的父亲是美国人，虽然他平时不怎么跟女儿说话，但是每当我问："How old are you？"女儿就会回答："One."我又问："What is your name？"她就答："M."而当我问："Where is daddy？"她好像也能准确地理解并回答："Office."

我认为，七田式育儿理论不只在幼儿的语言教育方面效果很好，在声音、计算、音乐、运动以及其他方面都能给大脑以刺激，为孩子的成长提供综合性的良好环境。七田真教室的教材在制作和编排上也独具匠心，让我们感受到了老师们的一片热诚。此外，孩子们还有心理老师，他们经常给我们很多有用的建议，非常感谢。

虽然我们经常看到一些专家批评早期教育，但是我认为早期教育非常好，我非常赞成，而且现在我一直在对孩子实施早期教育。对孩子来说，2岁半以前的思维发展处

---

❶ 通过将画有图画和写有文字的卡片，像闪光灯一样快速、大量地闪给孩子看，来打开其右脑的开关，活化右脑，这就是"闪卡游戏。"——译注

于萌芽阶段，是最为关键的时期。到了3岁，孩子就能感知父母的情绪了。

另外在语言方面，孩子的接受能力是大人的24倍，因此我认为现在正是孩子大量吸收各种信息的时候。应该让孩子触摸物体、听各种声音，充分利用五官感知事物，以促进神经回路的形成。而七田真教室实行的正是充分运用五官、发挥五感的教育。此外，运用身体也可以促进智力的发育，如果每个月对孩子进行4次反复教授的话，孩子的学习兴趣会越来越大。

虽然在孩子的学习中偶尔会出现连大人都觉得很难的汉字，但是我切实感到，大人对难与易的判断并不适用于孩子。

尽管我觉得早早地给孩子铺好轨道，对他们说"请走这条路"的做法并不好，但是，帮助孩子坐上飞奔的火车，或者在看到火车即将脱轨时赶紧修正轨道，都是家长的责任。能上七田真教室真好，这就是我现在的心情。

Y.G. 女士

父母要学会向孩子表达爱

在育儿过程中，最重要的是"母子之间的信赖关系"，换一种说法就是"亲子一体感"。父母正确地向孩子传递他们的爱是育儿的基础。

在育儿过程中，有的父母认为"很快乐"，而有的父母则认为"不快乐"。前不久，有公司在东京以 0~6 岁孩子的母亲为对象做了一项问卷调查，结果 90% 以上的母亲都认为"育儿并不快乐"。

为什么育儿会不快乐呢？

养育孩子原本是一件非常快乐的事情，父母无比期待着孩子的出生，怀着感动之情迎来孩子诞生那一瞬间，对孩子的成长更是寄托了全部的希望。然后，在现实中父母会发现，孩子会频繁地啼哭，照看他们要付出很多精力，母亲们甚至没有了自己的时间。渐渐地，有人就产生了诸如"养育孩子好难""被迫做出巨大的牺牲""不得不一直忍耐"等负面情绪。有的母亲甚至认为，这与当初的梦想和期待完全相反，因此认定育儿是一件很辛苦的事情。

但也有的母亲认为"养育孩子真是快乐""宝宝真是可爱得不得了"，尽管这类人只占少数。

如果觉得育儿很快乐，那说明母亲与孩子已经培养出了"亲子一体感"。孩子经常笑呵呵的，不怎么哭，亲子之间建立了很好的信赖关系，这类孩子的接受能力非常强，不论母亲教什么，他们都能很快学会。如此一来，育儿也就成了一件令人欣喜的事情。

"快乐"与"不快乐"的差别在于，母亲与孩子之间是否建立起了信赖关系。

那么，亲子之间应该如何建立信赖关系呢？其实信赖关系的构建关键在于，要在育儿过程中让孩子从父母那里获得充足的爱。

因此，父母必须学会如何向孩子表达爱。孩子经常啼哭、反抗、不听父母的话，这些全都是"需要父母的爱"的暗示。

一旦孩子表现出这样的暗示，我们只要紧紧抱住孩子8秒钟，孩子就会慢慢地恢复平静。只要父母善于向孩子表达爱，孩子就会信赖父母，并把自己托付给他们——亲子之间的信赖关系是通过父母与孩子爱的传递建立起来的。

让孩子感受到爱的 "8 秒钟拥抱法"

　　向孩子传达爱最有效的办法就是 "8 秒钟拥抱法"。所谓 "8 秒钟拥抱法" 就是紧紧拥抱孩子 8 秒钟，在孩子的耳边耳语 "妈妈很爱你，你是妈妈的宝贝" 之类的话。在七田真教室里，很多时候母亲们都会采用这种方法，它对于建立亲子之间的信赖关系有很大帮助。

　　只要使用 "8 秒钟拥抱法"，不论是调皮好动的孩子，还是不听话、任性的孩子，都会马上变得温和安静，这使得养育孩子自然而然地变成了一件轻松的事情。

　　育儿的关键是父母向孩子传达爱。只要能够把父母的爱正确地传达给孩子，孩子就会安静下来，主动吸收被传授的东西。

　　相反，如果不能很好地把爱传达给孩子，父母说的话就无法进入孩子的内心，孩子的接受能力也会变得很差，不管大人再怎么努力，孩子也进步不大。

　　关于 "8 秒钟拥抱法"，我向大家展示一份七田真教室老师发来的报告。

　　在我的教学过程中，最注重的是以七田先生的育儿

理论为基础的"爱的传递"。具体来说，就是让孩子的母亲在学校学习"8秒钟拥抱法"，在家里实践"5分钟暗示法"。

只要让母亲实践"8秒钟拥抱法"，不论孩子还是母亲都会发生变化。我让母亲们抱着孩子说："我好爱你。"于是，不论原先不喜欢被抱的孩子，还是未曾认真拥抱孩子的母亲，都能沉浸在爱的状态中。有些母亲不明白"8秒钟拥抱法"的重要性，其实这是右脑教育的基础。我会尽量让她们理解这种方法的重要性，使她们能够全身心地感受这一令人愉悦的拥抱。

首先让母亲紧紧拥抱孩子8秒钟，然后再让孩子紧紧拥抱母亲8秒钟。这样一来，之前不喜欢让母亲抱的孩子会迷恋上这种拥抱的感觉。不仅如此，几乎所有的母亲都会发现拥抱的感觉如此之好，如此之重要。

之前不喜欢抱孩子的母亲随后将孩子的变化告诉了我："孩子会经常跟我说'妈妈，抱抱。'"

因此，母亲们如果能意识到这种不带任何条件的、充满爱意的拥抱的重要性，或许就能够发现自己曾经强迫孩子做过很多事情，从而找到改善教育的方法。

只要母亲们能够真正理解传达爱的意义，就会改变教

育孩子的方式。在接收到母亲的爱之后，孩子们的双眼就
会璀璨如星光，学习东西自然也会吸收得很快。而巧妙传
达爱的方式，正是"8 秒钟拥抱法"。

传递积极情绪的"5分钟暗示法"

除了"8秒钟拥抱法"，还有一种方法，我们称之为"5分钟暗示法"，它也是传达爱的有效途径。"5分钟暗示法"可以将孩子的心导向正确的方向，巧妙地发掘孩子大脑的潜能，这也是七田式育儿法的基本方法之一。

在孩子刚睡着，眼皮还在一跳一跳的时候，脑波会呈现 θ 波的波形，此时如果我们在孩子的耳边输入某种暗示，孩子就会有可能按照暗示发生改变。

有的母亲会担心，这样给孩子输入暗示，会不会改变孩子的性格？其实完全不用担心，因为我们只会给孩子输入正面的暗示。在日常生活中，母亲不经意间对孩子说的话其实也是一种暗示，其中时常有负面的话，这往往会给孩子一种负面的暗示，如"要迟到了，快点儿！""不能这么做，不行！"等。虽然父母没有注意到，但是这些话会给孩子造成负面影响。于是，孩子会按照负面的暗示去做，磨蹭的孩子会变得更加磨蹭，最终，孩子的潜能会被完全扼杀掉。

而消除这种负面的暗示，使孩子变好的最佳方法就是"5分钟暗示法"。当然，有时即使母亲没有输入负面的暗示，孩子自己也会产生"不行！不行！"的想法。为了消除这种负面的想法，我们可以尝试"5分钟暗示法"。

　　当孩子刚入睡，眼皮一跳一跳时，实施"5分钟暗示法"的效果最好。首先，向孩子输入传达父母爱意的暗示，比如"妈妈好喜欢宝宝哟！"，在反复表达几次自己的爱意后，再输入想输入的暗示，比如"宝宝会好好跟小朋友做朋友"或"宝宝不用怕水，你会游得很棒"等。

　　如果能用"5分钟暗示法"恰到好处地传递母亲的爱，孩子很快就会有所改变。

　　能够很好地接收到母爱的孩子会成长为稳重、坦诚、接受能力强、对人温和且仔细的孩子。相反，行为举止出现问题的孩子，往往都是因为不能从母亲那里感受到关爱。我们应该认识到，孩子的行为举止之所以有问题，正是因为没有接收到父母的爱。

　　想要消除孩子令人困扰的行为，父母只要使用"5分钟暗示法"很好地表达自己的爱就可以了。

　　在七田真教室，我们会用100张印有1~100个红点的点卡（Dot Card）❶来开发孩子右脑那堪与计算机媲美的计算能力。任何一个孩子都具备优秀的潜能，"5分钟暗示法"能让人们消除"不可能做到"的疑虑，巧妙地开发

---

❶ 点卡是七田真教室的道具之一，100张边长为30厘米的卡片为一组，每张卡片上面无规则地印着1~100个红色圆点。——译注

出孩子们的潜力。

　　去年3月，我知道了七田教育。那时知花还是一个小学二年级学生，我们是从5月开始实施"5分钟暗示法"的。

　　开始时，我对她进行了以下暗示："感谢你来到爸爸妈妈身边，小知花很厉害哦，可以运用无所不能的宇宙意识看到卡片另一边的画哟……啊，看到了，看到了。小知花真的是无所不能哦。现在闪卡已经慢慢地进入你大脑里了哦……哇，进去了。"

　　在一段时间后，我开始转变暗示的内容："卡片上的画面好像浮起来了哦，好像看起来能用手拿起来哦。"这时大概是8月。当我开始暗示"'眼肌卡'❶可以看见光"时，已是10月末了。随后，我又开始了"心灵感应游戏"。

　　这样，从第一天起，我开始对她进行"妈妈的脑袋里有一个小盒子哦。'啪'地打开后，里面出来了一个数字哟"这类的训练，随后，我再让她玩一些数字类的猜想游戏，她的正确率逐渐提高。现在她很快乐，一直处在"我成功了""我做到了""太棒了"的情绪中。

新潟县K.Y.

---

❶ 视野幅度扩大的训练卡片。主体橙色，中间贴一个直径2~3厘米的蓝色圆。——译注

惊人的潜意识能力

人类的大脑分为意识与潜意识，意识所占的比例只有3%，剩下的97%全是潜意识。科学家认为影响人类行为的主要因素是潜意识。从这两者所占的比例来看，这个观点确实令人信服。

如果向潜意识输入负面信息，人就容易采取消极行为。相反，如果输入正面信息，人的行为就会变得积极。运动员之所以能够通过心理训练在比赛中取得好成绩，正是因为正面信息在他们的潜意识中发挥了作用。

如果想让孩子变得自信积极，我们可以向孩子的潜意识输入正面暗示；而输入正面暗示的最佳途径正是"5分钟暗示法"。这个方法不仅能够很好地向孩子传达父母的爱，同时还能有效地向潜意识输入正面暗示。

不一定非要在孩子刚入睡时进行"5分钟暗示法"，即使在孩子睡熟之后也可以进行。

那么，应该怎样使用"5分钟暗示法"输入正面信息呢？你应该在孩子睡着后，一边抚摸着孩子的身体一边这样对他们说：

"宝宝现在睡得很香。你就闭着眼睛听妈妈说话吧。就算宝宝睡着了，也能明白妈妈说的话，对不对？不论是爸爸还是妈妈，都发自内心地爱着你。宝宝心地善良，大家都喜欢跟你做朋友。"

以这种形式告诉孩子大家都喜欢他，孩子就真的会被爱所围绕，成为一个人见人爱的孩子，因为孩子会按照我们输入的正面暗示成长。

如果想培养孩子的ESP（Extra Sensory Perception的缩写，意思是"超感知"，通常指心灵感应、直觉等能力的总称），你只要对他们说"宝宝的直觉一天比一天厉害"就可以了。

假如孩子生病了，你也可以通过暗示让他们振作起来，战胜疾病。

只要能够传达爱，"5分钟暗示法"就可以产生出人意料的效果，它甚至还能令植物人苏醒。

在如今的学习教育中，授课全部通过"意识教育法"来让孩子记住知识。而七田式育儿法则采用"潜意识教育"，通过开发右脑，发挥潜意识惊人的作用。

以前，在传统的科学研究中，所有肉眼看不到的东西往往都被排除在研究对象之外。但是随着科学的发展，情绪、意识等精神层面的东西已成为最重要的研究课题。

例如，美国目前就正在把开发远距离观察感知物体的能力当做科学研究项目，并引进学校教育中，这种能力也被叫作"遥视技术"（Remote Viewing，RV），它已被纳入美国小学四年级的教学计划。

美国对遥视技术的研究始于 1972 年 6 月。该项研究由美国国防部在斯坦福研究所的协助下展开，负责人是哈罗尔多·帕克博士和拉瑟尔·塔戈博士。同时，还得到了因超能力而闻名于世的英格·斯万的协助。

该项研究的目的在于，在冷战时期通过发挥精神与心理的作用，不必深入敌方腹地就能获得敌国情报，他们致力于把普通士兵训练成为观察能力超强的人。

通过遥视技术训练，很多普通士兵也具备了优秀的观察感知能力，并在实践中发挥了巨大的作用。现在这项技术也被广泛应用于其他领域。

那么普通人学习遥视技术会产生怎样的效果呢？遥视技术利用了人的潜意识，它与右脑的功能有密切的联系。七田真教室的许多孩子就拥有类似的能力，并将这种能力运用在记忆、计算、阅读以及音乐和运动方面。

右脑教育重视开发想象力

　　右脑教育并不依赖于左脑的语言能力，而是侧重开发右脑的想象力，并训练孩子灵巧地使用该能力。这是右脑教育区别于左脑教育的一个特点。

　　右脑拥有左脑所不具备的想象力。左脑是语言性思维，而右脑则是图像性思维，左脑与右脑的思维模式是不同的。

　　如果用左脑的语言性思维来进行想象，所想象的内容很难在生活中实现。但如果用右脑来想象，所想象的内容很有可能会实现。

　　让我们来看一下 6 岁女孩小 M 的故事吧。

　　M 上的幼儿园从 6 月中旬开始开放游泳池。M 很喜欢玩水，但她不会游泳，连把脸浸入水中都很困难。

　　老师为了鼓励小朋友，规定只要能在水中游 10 秒，就在游泳卡上贴一张大大的贴画。M 很想得到贴画，但是又不敢下水，渐渐地，每到去游泳池的日子，她就特别发愁。

　　于是，妈妈开始让 M 在浴缸里进行练习。同时，在睡觉前妈妈会对她进行想象训练。妈妈一边想象着 M 在

泳池里如鱼得水的样子，一边描述给 M 听，同时也让 M
想象同样的场景。

就这样，M 学会了在浴缸里换气。1 周后，M 终于可
以在游泳池里换气了。

接着，M 继续想象自己游泳的样子。有一天，她和父
亲一起去游泳时，已经可以像一艘潜水艇一样潜在水中了。

第二学期的第一个参观日就是游泳课。幼儿园的小朋
友们两人一组，从游泳池的这一端游向另一端，还可以使
用救生圈。终于轮到 M 了，只见她"扑通"一声跳入水中，
双脚交替拍打着水游了起来。当她到达游泳池的另一端时，
老师夸奖道："M 你真棒，已经会游泳了。"在旁边一直
看着她的妈妈也大吃一惊。

可见，只要帮助孩子进行想象练习，孩子就有可能变
成自己所想象的样子。而家长如果了解了想象的力量，就
可以培养孩子的想象力，并将它运用到学习中。

例如在学习英语时，想象能发挥很明显的作用。你可
以让孩子在学习英语时，把自己想象成一个外国小朋友。

3 岁的 S 宝宝最喜欢做的想象练习就是过家家，因为
在想象中他既可以自己开着车出去玩，也可以去野外郊游。
当然,游戏全部都用英语进行对话。S宝宝在看电视节目《芝

麻街》❶ 时，也会把自己想象成电视里的主人公，并操着一口流利的英语。所以说，与死记硬背英语单词和语法规则相比，想象是学习英语最有效的方法之一。

---

❶ 《芝麻街》是美国公共广播协会（PBS）制作播出的儿童教育电视节目，该节目于 1969 年开播。它是迄今为止获得艾美奖奖项最多的一个儿童节目。译注

右脑教育可迅速提高学习效率

　　教育分为左脑教育和右脑教育。左脑教育是由部分到整体，将知识逐一理解后再把它们记住，是一种逐步积累知识的教育。

　　右脑教育则相反，不追求逐字逐句的理解，只需要从整体上接受，再由整体到部分，以与左脑相反的思维方式向大脑提供信息。右脑教育是一种前所未有的新型教育。

　　让我来具体说明一下吧。

　　我这里有几本美国连环画作家苏斯博士❶的连环画。当我们想让孩子看这些书时，推崇左脑教育观点的学者肯定会想："这些书里有很多孩子不认识的单词，而且文章也很难，我们必须从容易的地方入手。"

　　但是右脑教育却可以不拘泥内容的难易程度。即使语法和句子结构很难也没关系，都可以直接读给孩子听。就算句子里突然出现了复杂的句型，也不要把它当回事。只要反复地读，孩子就会记住全部的内容——这就是右脑教

---

❶　苏斯博士（Dr.Seuss），出生于 1904 年 3 月 2 日，20 世纪最卓越的儿童文学家、教育学家。一生创作的 48 种精彩教育绘本成为西方家喻户晓的著名早期教育作品，全球销量 2.5 亿册。——译注

育的特征。

从右脑教育的角度来看，苏斯博士的每本连环画都很简单，孩子都很容易记住。但是对于只知道左脑教育的家长来说，他们会认为苏斯博士的连环画对孩子来说太难了，应该找一些更简单的书才行。

右脑教育的特征是不求逐字逐句理解，但左脑教育则认为理解是最重要的。而从当前教育现状来看，这种左脑教育法不仅使学习变得十分困难，也使效率非常低下。

如果用左脑学习英语，即使花上10年工夫也未必能学好。但是如果不要求学生学习语法知识，而是让他们背诵大量的文章，这样右脑就能够从大量的文章中轻松地找出学习英语的规律，不知不觉就培养了学生的英语写作能力和听说能力。

在左脑学习法中，需要进行循序渐进的学习。而在右脑学习法中，我们必须快速地向大脑输入大量信息。

运用右脑学习方法，孩子们可以轻而易举地记住大量信息，而且还能够学会如何巧妙地运用所记住的内容。

但是，传统的教育只注重左脑，教师也只会使用左脑学习法教学生。在这种方式下，学生很容易陷入一种困境——他们不管怎么努力也无法提高自己的学习效率。哀哉！人们明明拥有功能强大的右脑，却不懂得如何使用，时间都被耗费于左脑教育。

右脑教育是一种优秀的教育方法，它能够开发学习者无限的潜力，大大加快学习的速度，并且提高学习的质量。

至于背诵的重要性，以色列前驻联合国大使阿瑟·内姆在他的著作《提升孩子智力的犹太式教育》中这样说道："犹太式教育非常注重背诵和反复学习。"同时，他还提出了犹太人培养优秀儿童的三大秘诀：

1. 重视深度学习。

2. 重视反复学习。

3. 重视大声朗读。

他还介绍道："要从很小的时候开始教孩子读书。"这种教育理论非常重要。它不仅适用于犹太人，也适用于其他任何一个国家的孩子。因为右脑的背诵法，正是开发大脑能力的基础。

曾在七田真教室学习的孩子的现在

　　我写的第一本有关幼儿教育的书是 1972 年出版的《0 岁教育》，当时我还不知道"右脑教育"这个概念。

　　如前所述，右脑为人所知是在 1981 年罗杰·斯佩里教授因为右脑研究获得诺贝尔奖之后。

　　当时我一直在提倡："幼儿教育应该是潜意识的教育。"在出版了《0 岁教育》之后，我开始在幼儿园和保育院推行右脑教育法。但是，我担心一般的幼儿园和保育院不能充分灵活地运用我的理论，因此在 1987 年，我决定创办全国性的七田真教室。

　　以开启右脑智慧为目的的七田真教室创立至今，已历经 16 载。当时在七田真教室上学的四五岁的孩子们，如今已成长为 20 多岁的年轻人，纷纷步入了社会。这些年来，我不断听到证实右脑教育理论非常成功的消息。

　　幼儿时期曾在七田真教室上学的 T.S. 现年 19 岁，他在 2004 年戛纳国际电影节公映的日本电影《茶之味》中出演主角，在电视剧《三年级 B 班金八老师》中出演班长这一角色，是一位很有前途的演员。

　　24 岁的 S.N. 目前是东京大学的研究生，其专业是心脏病学。他对我提到，在七田真教室学习的图像记忆法（一种把想记住的事情以照片似的图像形式显示出来的记忆方法），长大后也能发挥意想不到的作用。

此外，我还听说有一个学生成为活跃于世界舞台的音乐家，还有一个学生以很好的成绩考上了研究生，等等。

在今年收到的最新消息中，有荣获日本奥林匹克数学竞赛金牌的小学六年级学生Y.N.（天六教室），通过数学二级考试（相当于高中二年级程度）的小学三年级学生S.H.（赤羽教室），在珠心算德岛大会中连续拔得头筹的小学三年级学生Y.K.（蓝住教室），在中学一年级即通过英语一级考试的Y.M.（名古屋教室），在汉字测试中连续三年取得满分、被授予"协会特别奖"的小学三年级学生Y.Y.（竹之塚教室），在PTNA钢琴比赛中获得第一名的小学二年级学生K.Y.（高崎教室），以第一名的成绩考入名校铜荫中学并被免除6年学费的中学一年级学生K.K.（京都宇治教室），年仅6岁就在全国少儿百人一首大会❶中获胜的Y.K.（竹之塚教室）等。另外，还有一些荣获各种竞赛大奖的学生，真是不

❶ 即选取日本从古至今100位诗人每人一首和歌，汇集而成的和歌集。"百人一首大会"是指利用写有和歌的纸牌进行的游戏和比赛。——译注

胜枚举。

　　七田真教室培养的孩子们或许还需要一段时间才能够真正在社会上活跃起来，但是可以说，这些右脑已被开发出来的孩子，即将迎来属于他们的时代。

第2章

婴幼儿教育理念的更新来自于脑力科学研究的发展

在幼儿时期，大脑的可塑性最强，这一点已经得到了众多脑科学家的认可。只要在这一时期对其进行适当的刺激，孩子的智力就会实现飞跃式提升。

左脑为语言脑，右脑为图像脑

脑科学研究在 20 世纪 90 年代取得了很大进展，产生了很多明确的结论。尽管如此，对于科学家来说，大脑的结构和机能有许多地方仍然处于未知的状态。

大脑由三重结构构成。美国神经生理学家珀尔·马格林于 1970 年提出了脑结构学说。他认为，如果纵向解剖大脑，就会看到大脑呈三重结构，由下自上分别为爬虫类脑（脑干）、哺乳类脑（大脑边缘系统）和灵长类脑（大脑新皮层）。人类具有由这三重结构派生出来的三种机能和三种信息回路。最上面的大脑新皮层又分为右脑和左脑两个部分，左脑与下层脑之间没有相通的回路，只有右脑与它们之间有传递回路。右脑之所以拥有下层脑所具有的特殊能力，原因即在于此。

左脑为语言脑，右脑为图像脑。科学研究证明，右脑与左脑的认知和思维模式是完全不同的。

右脑靠图像来认知和思考，无论是理解、记忆，还是传递信息都通过左脑所没有的回路来进行。

右脑与左脑记忆的质量与模式有所不同。左脑的记忆是语言性记忆，这种记忆的质量较差，往往容易遗忘。

右脑的记忆是图像性记忆，只要看一遍信息，就能把它图形化，并像照片一样能够不断重现，是高质量的记忆。在感觉上，右脑也不同于左脑。左脑的感觉需要利用眼睛、鼻子、舌头、耳朵等感觉器官接收信息，形成知觉；而右脑的感觉是以图像的形式表现，它对应着左脑的五感，可以分为不同的种类，即所看景物的图像、所听声音的图像、所尝味道的图像、所闻气味的图像和所触感觉的图像。

人们一般认为，人类除了用五官感知外界刺激以外，还存在第六感或者超感觉，而所谓的第六感其实是人的潜意识，它正是在右脑作用下而产生的感觉。

大脑中存在着与深层大脑相通的回路，由此通过右脑就可以窥探到人的深层意识，即潜意识，并将其以图像的形式呈现出来。

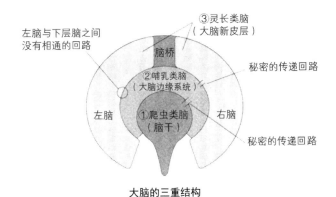

大脑的三重结构

在七田真教室中有一种训练，叫 ESP 游戏（直觉力游戏），即通过冥想、呼吸和想象，使大脑状态从左脑转换到右脑，打开人的潜意识，唤醒右脑的能力。

右脑训练的重要道具——闪卡

1995 年，阿拉巴马大学神经科医生布立特·安德森研究了爱因斯坦大脑额叶的一部分皮质后，发现其中的神经密度是普通人的 5 倍。也就是说，爱因斯坦的大脑神经细胞相互缠绕在一起，达到了最浓密的状态，即肥大的状态。

人们认为，这是因为爱因斯坦的大脑在可塑性很强的幼儿时期就接受了适当的刺激，从而发生了物理性的变化。

脑科学家们一致认为，人类在 2~5 岁的幼儿时期，大脑的体积就已经发育到了成人大脑的 90%。

脑细胞成长过程

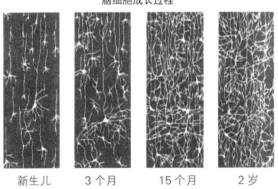

新生儿　　3 个月　　15 个月　　2 岁

人出生后，随着大脑接受越来越多的外来刺激，神经细胞的密度会逐渐增大（摘自《大脑的探险》，讲谈社）

为了使孩子的智力在这个重要时期实现飞跃性的提高，美国著名脑科学家 WinWenger 提出了使大脑处理速度提高 0.5 秒的视点训练法。

WinWenger 是全球脑力开发的权威，也是著名的智力开发研究团体 Piaze 协会的创办人。他这样写道："教一两岁的孩子逐个地认字和发音是不对的。如果想教孩子认字，最好把单词写在卡片上，只让他们看一眼，然后读出来。这样的练习可以让孩子掌握一个奇异的本领——在看到物体的瞬间，记住最多的信息。"

这段话正好说明了闪卡训练的重要性。但是，一些日本学者提出了反对意见，他们认为，早期教育会使孩子的右脑变得过于肥大，所以不赞成这样做。其实，这种训练对大脑的发育很有好处。

不过，即使在美国，反对格林、杜曼博士闪卡训练的学者也大有人在。可以说闪卡训练曾经遭遇毁灭性的打击。

闪卡训练绝不是向孩子灌输知识，它具有下面所述的四大意义。

1. 促使快速脑——右脑变得活跃。

2. 培养瞬间记忆能力。

3. 连接右脑与左脑。

4. 培养语言能力（也有助于培养有语言障碍的孩子学

习语言的能力）。

　　之前人们不了解闪卡训练对大脑开发的重大意义，因此经常误解闪卡训练。但是，WinWenger 博士认为，现在的事实已完全证明了闪卡训练的效果。

　　不过，使用闪卡时需要注意一点：我们不能一味地给予刺激而不要求反馈。不要忘记，如果没有反馈，我们就无法指望通过闪卡训练促进大脑发育。

　　为了证明这一点，加利福尼亚大学的神经学家玛丽安·戴尔蒙多所做的老鼠实验非常有名。

　　她把老鼠分为两组，一组老鼠在有秋千、梯子、脚踏车等充满各种玩具刺激的环境中生活；而另一组老鼠则被放在一个没有刺激的环境中，只能眼巴巴地看着那群老鼠玩。

　　结果如何呢？只能接受"看"这一刺激的老鼠的寿命都很短，而且不聪明，脑部神经密度也不大。与此相反，那些能够玩各种玩具，并能进行行为反馈的老鼠，竟然活到了 3 岁，这对老鼠来说可谓是很长寿了。更让人惊讶的是，它们的大脑体积也变大了。

让孩子尽早开始读写练习

WinWenger 博士劝告人们，要让孩子尽早开始进行读写的练习，因为读、写、计算的训练能够使大脑功能变得更加活跃。

他还介绍道，幼年时期的爱因斯坦就是这种方法的受益者。因为在大脑发育的初期，他很幸运地在游戏中开启了右脑的功能。

爱因斯坦非常喜欢他的叔叔雅各布，少年时代的他一直跟随叔叔学习数学。有一次，叔叔对他说："代数这东西非常有趣。就好像我们去捕猎，要抓住一个不知名的小动物，我们先称它为 X。如果抓到了猎物，我们就可以给它取一个合适的名字。"

爱因斯坦一直记得这句话。可以说，这句话使他在科学研究中遇到的许多难题都变成像猜谜语、捉迷藏一样充满乐趣的游戏。

不要让幼儿看有很多暴力画面的电视节目

获得普利策奖的作家罗纳尔多·柯图拉克在其著作《普利策奖作家的脑科学探察》中，极力强调幼儿时期教育的重要性，他认为这是所有从事幼儿教育的相关人士的必读书。

他在书中写道："我曾经迷惑不解，造成孩子不良行为的原因是什么？"柯图拉克一直在从事大脑研究工作，他认为，为了预防孩子暴力行为和犯罪事件的增加，必须重视 3 岁以前的教育。他说："一个人在 3 岁以前所受的教育是否适当，将影响他今后的人生。到底大脑内发生怎样的变化，会使人产生暴力行为呢？其实，让孩子处于恶劣的环境中，正是促使他们出现暴力倾向的原因。"

柯图拉克还写道，他的这个结论跟众多研究人员的研究结果一致。因此他认为，如果让孩子在幼儿时期经常看有很多暴力画面的电视节目，将会对孩子今后的行为产生恶劣影响。

在他的著作中，根本没有提到任何诸如"早期教育会对孩子造成恶劣影响"之类的话。相反，这本书着重强调的是，要在优良的氛围下尽早对孩子实行高效学习法的早期教育。

当大脑电波与地球电波共振时，大脑能量最大

大脑在不同的状况下会发出不同的波。人类的脑波分为 β 波、α 波、θ 波和 δ 波这四种类型，其中 β 波被称为压力波，在上课等紧张情况下出现；α 波被称为放松波，在身心平静时出现；θ 波放松的程度更深，在即将进入睡眠时出现，也被称为瞌睡波；δ 波是睡着时出现的脑波。由于人们看不到这些波动，所以才不懂得如何最有效地使用自己的大脑。

要想提高大脑的作用，就要把脑波切换到适于学习记忆的频率，这就需要利用腹式呼吸法。在进行腹式呼吸法的同时，要将力量集中于丹田（肚脐以下 3 厘米左右），一边做深呼吸，一边想象一个光球，这个光球聚集了自信、积极、坚强等正面能量，然后将这个光球收纳于丹田，渐渐地就能使脑波稳定下来，使它的频率变为 7.8 赫兹，跟"地球的脑波❶"一样。这样，我们就能发挥出惊人的记忆力，

---

❶ 1952 年，德国物理学家舒曼指出，地球和电离层构成一个谐振腔体，腔体中存在一个特殊的谐振频率，这个频率主要由地球的尺寸决定，并由全球的闪电放电激发。该谐振频率被称为"舒曼共振"，也被称为"地球的脑波"，频率为 7.8 赫兹。——编者注

自由地进行想象（见下表）。

　　据说人类的知觉能够感知到的波动频率带不到2%，我们几乎都感觉不到剩下的98%。在我们周围，还存在一个人类尚未知晓的世界。在这个世界里，还存在着许多未被开发的能量。

表　脑波的种类

脑波的波形	频率（赫兹）	波形
β 波	14~30	
α 波	8~13	
θ 波	4~7	
δ 波	0.5~3.5	

注：当脑波为 7.8 赫兹时，说明右脑已被开发。

右脑是潜意识脑，潜藏着意识无法发挥的能力

　　人类的潜意识由无数科学无法解释的体系构成。由于我们对它们一无所知，所以才无法使用这些体系。要想使用这些体系，我们首先必须了解人类的潜在能力究竟是什么样的。我作为七田真教室的校长，每天都能收到从全国各地的老师那里寄来的报告，报告中无一不描述了孩子们令人惊讶的能力。

　　右脑是图像脑，一本200页左右的书，孩子们只需在比较短的时间内就可以把它读完。这并不是个别孩子才具有的能力，在七田真教室一个班里学习的孩子都具有这样的能力，因为他们都成功地开启了右脑的照相记忆能力。

　　人类与生俱来的这种令人惊叹的能力，其实一直潜藏在右脑中，只不过人们不了解大脑的结构，平时发挥不出这种能力而已。

　　右脑被称为潜意识脑，它潜藏了很多意识无法发挥的能力。

　　右脑的想象力能够将我们所想象的事情变为现实。如果让开发了右脑的孩子想象自己跑步得了第一名，他们就有可能通过努力真的成为第一，即使原来是最后一名也不用担心。只要我们把平时闲置的右脑利用起来，就可以做到这一点。

人们一直没有注意到右脑的潜能，只是一味地使用左脑。而左脑不管是在记忆力、理解力还是想象力方面，都不如右脑，并且缺乏感性。恐怕没有人会满足于只用左脑来生活。

每个人一定都希望了解自己与生俱来的未知能力，并将其开发出来。因此，了解、开发这种未知能力的方法非常重要。在此之前，人们正因为不了解这种方法，才一直无法开发这些未知能力。

其实开发右脑能力的方法非常简单。只需要利用冥想、呼吸、想象这三个步骤，从左脑意识状态转换到右脑意识状态就行了。

一旦进入右脑意识状态，孩子们会具备什么能力呢？根据我们的研究，结论如下。

1. 快速翻书，然后流畅地默写出书中的内容。

2. 能够在瞬间进行复杂的计算。

3. 能根据讲课内容，猜出老师会提出什么问题并得出答案。

4. 只听一遍莫扎特、贝多芬、舒伯特等人的作品，就能把它们弹奏出来。

从左脑转换到右脑的三个步骤：冥想、呼吸、想象

右脑有强大的能力，这些能力使得一切皆有可能。不论是瞬间进行复杂的计算，还是快速记住文章，都是因为开发了右脑，激发出了我们的潜在能力。

之前大家都认为，这种能力对于我们普通人来说是遥不可及的。可是，七田真教室的孩子们通过冥想、呼吸、想象这三个步骤，实现了由左脑到右脑的转换，能够快速记住文章，也能轻松地学会外语。请看下面的报告。

通过图像训练开启了右脑能力的U和S是双胞胎。他们俩只需看一遍教科书就能轻松记住里面的内容。即便有什么重要的事情，他们也不需要做笔记，只要看一眼就能够进行照相记忆。据说，他们可以在任何时候让记住的东西像照片一样浮现在脑海里。

小学一年级的一位女生能在很短的时间内"哗哗"地迅速把五六本书读完。她妈妈说："你不慢慢读，怎么能明白呢？"这位女生却回答道："就是要让字唰地一下映到眼里，我才记得住啊！"她也是经过训练后，利用照相记忆能力进行记忆的。

山口教室 M.K. 老师

一旦通过冥想、呼吸、想象进入到潜意识，我们就可以用右脑来接收信息，同时快速、大量地处理信息。不论是在学习还是工作方面，效率都能比左脑提高数百倍。

右脑教育取得的效果

右脑具有左脑不具备的想象和照相记忆功能。右脑教育之所以能够取得惊人成果，完全归功于这两大功能。

那么我们的右脑教育是如何运用想象这一功能的呢？

在右脑教育中，孩子们在上课之前一定会上预备课（正式上课之前的准备工作），否则无法运用右脑。预备课程按照冥想、呼吸、想象的顺序进行。通过冥想和呼吸使大脑的意识状态由左脑转换到右脑之后，让孩子们想象"我能够做到、想到的事"，然后开始学习。孩子们就可以按照他们的想象顺利地完成学习了。

为什么会产生这一结果呢？这是因为人的意识状态一旦由左脑转换到右脑，就会遵循这个大原则来运行——按照右脑的想象发展下去。不论是运动、演奏还是学习，都一样。孩子们通过学习预备课程，能充分发掘出潜藏在大脑中的能力。

如果省去了这道程序，仅仅依靠通常的意识，即左脑的意识来学习，无法取得太好的效果。

让我们来看一份七田真教室的老师发来的报告吧。

几年前，和歌山县著名的向阳高中设立了初中部。2年后，另一所著名的高中——桐荫高中设立了小学部，这两所学校入学考试内容几乎照搬了七田真教室的教材，妈妈们都为此感到很震惊。

日本的应试竞争十分激烈，虽然一些妈妈还不理解右脑教育，但是我很欣慰地看到，右脑教育正在逐渐被众人接受。

在我们这间七田真教室，有很多家庭都把家族的所有孩子送到这儿长期学习，大多数孩子都学会了在做事之前进行想象。在上面说到的那些私立学校的入学考试中，我们高级班的学生也都能全体通过。只要想象好的结果，这些受过训练的孩子都能够一一将它们实现。

M.U. 老师

接下来，我就讲一讲右脑的另一大功能——照相记忆。

七田真教室用《映像》这本教材训练学生对 1000 幅图画的照相记忆能力。下面我接着介绍一位老师发来的报告。

今年，我担任小学三年级的老师，这个班里有很多孩子都已经在各种各样的领域里取得了成绩，而几乎所有的

孩子都是从1岁半左右就开始接受七田式右脑教育了。

小C在背诵方面的能力很出色，他平均1个月能完整地背诵一本文集。他现在已经记住了《汉文篇》《古典篇》和《近代文学篇》的全文。当其他孩子背诵课文时，他不看书也能指出："你漏了这句或那句呢！"有时候，我读错了，他也会告诉我，老师，那儿应该是什么什么。如果有时间，他希望我们听他背诵完五六本书。

在学校里，小C只读一两遍语文教科书就能全部记住，他也能完整地背诵理科或社会学的教科书。因此，每次考试他都能取得好成绩。现在，他正在努力学习《乘法名人》（30×30位乘法训练的教材）。

只要实行了右脑教育，孩子们就能够运用左脑教育所无法开发出的能力。在七田真教室的老师发来的报告中，有很多通过右脑教育培养出孩子潜在能力的事例。

☆只要学习了《乘法名人》并能够灵活运用的话，那么两位数的乘法运算就不会算错，而且计算的速度特别快。

☆在快速学习日本史时，只要适应了学习的速度就会比较容易记住内容。有的孩子在看到问题的一瞬间，就能得出答案。我们这儿小学三年级的孩子已经记住了江户时代之前所有的历史事件。

☆ M.H. 的大脑被开发得更加厉害，他可以实现 6 倍速或是 20 倍速的阅读。要是让他背诵 Imagery（七田真教材，可翻译为 "映像"），他还可以自己控制速度，比如 10 倍速或者 8 倍速等。

☆有的孩子只听了几次《乘法名人》的 CD，就能全部记住。随着右脑被迅速开发，他只要用 "我愿意做" 或 "我能做到" 来暗示自己，最后通过努力真的能做到。

我经常听到七田真教室的学生家长们或惊叹或欣喜的反馈，让我们来分享一下吧。

☆女儿自 2 岁起就开始接受七田真教室的教育。由于我们调动工作，女儿转了 4 次学校。不过她是一个性情温和的孩子，在每一所学校的学习成绩都名列前茅。现在她已经读初中一年级了，当大家都去上补习班时，她却为参加俱乐部活动而忙得不亦乐乎。尽管如此，她所有的学科成绩仍始终保持在前五名。在田径队老师的热情邀请下，她加入了田径队。同时，她还积极参加音乐、美术等方面的活动。

☆我的儿子 H 自闭倾向严重，不过在进入七田真教室以后，这种情形得到了迅速好转。现在他已经长大，并结交了很多朋友，变成了一个开朗、活泼，还有些淘气的小男孩。他不仅在背诵方面很优秀，而且理解能力也得到了增强。尽管他还不知道如何运用算术方法来计算一些题目，却能很快地解答出来。教钢琴和珠算的老师也都夸奖他很聪明。我深切地感到，这完全归功于七田真教室的老师，他们的指导使我们每一个家长和孩子在学习实践过程中少走了很多弯路。每当我感到辛苦时，就会想起老师说的一句话："每位母亲都在不懈地努力哦！"正是这句话支撑着我把训练继续下去。

第3章

右脑教育从胎儿期开始

胎儿除了具有感知能力外，还具有学习和记忆能力。如果自胎儿期开始就向孩子传递充分的爱，胎儿会慢慢成长为性格温和、接受能力强、记忆力好的孩子。

育儿从胎教开始

　　很多人都认为育儿是从婴儿开始的，其实这是错误的观点。为什么呢？因为胎儿时期才是人的一生中能力最活跃的时期。

　　三四个月的胎儿就已经完全能够明白母亲的所思所想，对此你或许会感到惊讶，但这是事实。

　　随着遗传学的研究与发展，人类已经发现了一项令人惊叹的事实——决定人类智力的并非大脑，而是细胞。

　　让我们认识一下细胞的集合体，一个体重 60 千克的人大概拥有 60 兆个细胞。除了极个别的例外，每个细胞都含有相同的基因。从最初的一个细胞（受精卵）渐渐地分裂成两个，两个又分裂成四个，经过无数次像这样的分裂后才形成人。据说每一个细胞都具有感知力。

　　人们一直认为，不论思维还是行动都由大脑指挥。但是现在我们知道，实际上大脑操控的只是细胞和细胞间的网络，细胞本身是通过基因来传达指令的。因此，我们必须改变认识："人类能力的根源并非来自大脑，而是来自细胞中的基因。"

　　既然每个细胞都具有感知力，那么我们就能够解释为什么妊娠初期大脑尚未完全发育的胎儿可以明白母亲的所思所想了。

据一份研究报告说，如果母亲对超声波诊断仪中显现的胎儿说"你动一下给妈妈看"，胎儿便会动一下。

胎儿还可以感受到母亲的心情。如果母亲在怀孕期间能保持良好的情绪，充满爱心，胎儿也会健康成长。因此，我才会说胎儿时期是人的一生中最聪明的阶段。

每当我得知别人怀孕的好消息后，都会建议孕妇保持好心情，还让她们通过胎教告诉胎儿："一定要健健康康的。""出生时，要用自己的力量一下子就出来啊。"孩子真的会"接收"到母亲的信息，成为一个健康宝宝。

谈起胎教，人们往往容易理解为在妊娠期就开始向胎儿教授知识，其实并非如此。所谓"胎教"并非以灌输知识为目的，而是要使孩子与生俱来的能力得到完全的开发和利用。

如果自胎儿期开始就给予孩子充分的母爱，能培养出性格温和、极少啼哭，而且接受能力强、记忆力好的婴儿。

育儿的目标是培养出身心健康、具有丰富情感和优秀能力，能够对社会做出贡献的孩子。如果母亲在妊娠期间心情压抑，就有可能影响孩子的性格。因此我认为，母亲应该学习如何进行胎教。

胎儿不仅具有感知能力，还具有学习和记忆的能力。不过，我认为我们应该关注的重点不仅在于此，更在于胎儿的心理成长。

速读能力的培养

右脑具有照相记忆能力和快速、大量处理信息的能力。

孩子们只需"哗哗"地翻一翻书，书中的信息就会像光波一样超快速地进入右脑，右脑则会以图像的形式将它们记住，我们称这种速读法为"波动速读"。

在进行波动速读时，要充分调动起右脑的感受性。运用右脑的感觉从整体上接受、理解事物。

这与左脑教育不同。以前的观点认为，如果眼睛看不到，就无法接收视觉信息；如果耳朵听不到，就无法接收声音信息，而且要从部分去理解整体。

但是右脑教育认为，只有快速地输入，才能启动右脑的快速处理能力，从整体上感受和把握事物。

雅克·路赛亚是法国的盲人哲学家、作家，他在自传《然后，有了光》中这样写道："虽然我在小时候因为事故变成了盲人，但其实我想看的东西都可以在大脑里看见。或许大家会觉得难以置信吧？"

对于只知道左脑能力的人来说，这听上去十分荒唐。但是，在了解右脑能力的人看来，这却是理所当然的事情。

让七田真教室的孩子们快速翻阅连环画，接收其中的信息，再把图画画出来，结果每一个孩子都能准确地把连环画中的图原样画出来。

　　同时，孩子们也可以利用波动速读法阅读小说，即使是外文书，他们也能明白其中的内容，或是在大脑中显示出和故事有关的图像。

　　孩子们都潜藏着无限的可能性，我们应该特别注重对孩子的早期教育，发掘出他们潜藏的能力。

胎儿期的创伤修复方法

如果母亲不知道胎教的重要性，在怀孕过程中偶然产生过否定孩子的想法，如"妊娠反应这么严重，我不想要孩子了"，有的胎儿会感受到这一切，从而产生"被否定、不受喜爱"的悲观情绪。这些婴儿自出生后，会经常啼哭，不听母亲的话，而且戒备心强，养育起来往往非常困难，长大以后也交不到朋友。不过，这种由母亲的消极情绪带来的创伤是可以修复的。在七田真教室，我们会教母亲们用拥抱来抚慰孩子，即使用"拥抱法"。

孩子在无意识时期感受到的悲伤或愤怒，被称为创伤。这种消极的感受多半是因为对母亲不满而产生的。

了解到这一点，母亲就要通过由衷的拥抱来向孩子道歉，以消除他们的心理创伤。孩子一旦向母亲敞开心扉，就能建立起母子间的一体感和对母亲的信赖感，从而恢复健康的心理。

拥抱时需要注意以下事项。

首先，母亲先猜测一下在孩子的无意识时期（从胎儿时至 3 岁左右），有哪些事会让孩子产生悲伤的情绪，并逐条记录下来。

接着，在母亲和孩子都很轻松的时候，比如晚上睡觉前，母亲抱着孩子，一边抚摸着他，一边轻松地说："和妈妈讲讲你的心情吧，把一直憋着的事情全都说出来吧。妈妈会安慰你的。"然后问孩子："你都讨厌什么样的事呢？有什么不高兴的事吗？"要像这样耐心地了解孩子悲伤的记忆。

如果孩子没有反应，那么就以事先做的记录为基础，将你猜测的事情一件件地列举出来。如果你猜中了，孩子就会有所反应，比如放声大哭。

一旦孩子开始哭泣，请你这样跟孩子道歉："痛快地哭吧，很伤心对吧？那时是妈妈不好，对不起啊。"

这样一来，孩子的哭声就会越来越大。有时，孩子的态度还会特别坏，甚至会踢打母亲。但即便如此，也不要离开孩子，要继续抱着孩子，向他们道歉并安慰他们。

这样就可以让孩子将隐藏于内心的悲伤或愤怒的情绪宣泄出来。有时孩子内心的创伤不止一处，因此要让孩子把不满都发泄出来，并向他们道歉，给予孩子彻底的安慰。大约50分钟后，孩子就会宣泄完而突然放松下来，疲惫地恢复平静，并沉沉睡去。

在这个过程中无论孩子怎么闹，母亲都应该一直抱着孩子坚持到最后。母亲的这种态度至关重要。一旦用这种方法消除了孩子的创伤，他们就会迅速发生改变，变成一个温和的孩子。

孩子本来拥有一颗非常纯真的心，只是因为受到了不良因素影响才会变得扭曲，才会顽固和叛逆，而能够扭转这一切的只有爱。通过拥抱，用母亲的爱抚平孩子心灵的创伤，他们会变得纯朴，脸上会泛着光彩，性格也会开朗起来。

即使在日常生活中遇到孩子发脾气或伤心了，也要首先拥抱他们，规劝并安慰他们。

自古以来，母亲给予孩子的拥抱和肯定是双方很自然的一种疗伤行为。当孩子由于没有达成愿望而啼哭、情绪不稳时，父母不能冷漠地认为他们在胡搅蛮缠。其实这时孩子的内心是希望得到抚慰的。

对于不能满足的事情，父母也要跟孩子讲道理，这非常重要。此外，对于不停哭闹的孩子，父母应该一直抱着他们，或者带他们到别处去换个心情。在情绪处理上支持孩子，这对孩子的心灵成长非常重要。

母亲通过理性的判断和充满爱的拥抱，能让郁积在孩子心里的不满和悲伤发泄出来，从而能把孩子培养成正直开朗的人。

第 4 章

通过对话培养好孩子

对于孩子来说，母亲的爱抚和对话至关重要，这样做不仅能向孩子传递自己的爱，还能培养母子间的"心灵感应"。可以说这是开启婴儿大脑的第一步。

对于刚出生的婴儿，爱抚和对话尤为重要

对于刚出生的婴儿来说，爱抚和对话尤为重要。

孩子在成长过程中需要感官的刺激，其中触感最重要。只有明白这一点，母亲才能够轻松地育儿。

皮肤是人类最初的信息传递媒介，所以我们将皮肤感觉称为所有感觉之母，它自胎儿期起就很发达。

据说动物的皮肤感觉最早也始于胎儿期，母兽之所以会去舔舐刚出生的兽仔，正是因为刚出生的兽仔为了生存下来，需要被舔舐。适当地刺激皮肤，是使身体器官变得足够发达的不可或缺的要素，这对于人类的婴儿来说也一样。

由皮肤来培养心灵——这是我想让所有母亲都知道的一点。

所以，当婴儿呱呱坠地时，请母亲们马上抱起婴儿，让他们含着乳头。婴儿只要开始吮吸母亲的乳头，就会给母亲的皮肤以刺激。这种刺激会变成神经冲动，通过神经系统传递到大脑中的下垂体。于是，下垂体会分泌出催乳素等"爱的激素"，使婴儿感受到无穷爱意，母乳也会变得更为充足。

相反，如果迟迟不能拥抱初生的婴儿，母亲就不能充分培养出亲子一体的感动。当母亲抱孩子的时间变得越来越少时，给予孩子的爱抚也会减少。在这样环境下成长起来的孩子的性格容易产生缺陷。

所以，在婴儿出生后，最重要的事就是紧紧抱着他们。

在怀抱婴儿的同时，还应该谨记的是要充满爱意地对孩子讲话。只要坚持下去，母亲就会发现，常跟孩子说说话，孩子会非常乖巧，因为这不仅是一种可以培养出母子一体感的方法，还是开启婴儿大脑的第一步。

如果婴儿在出生后的短时间内没能听到很多词语，那么他们理解语言的细胞就无法迅速地在大脑内生长。

科学家也说，如果语言刺激过少，理解语言的细胞就会因无法发挥作用而死亡。那些在远离人群的深山里长大的孩子，虽然刚出生时也拥有正常理解语言的细胞，但由于出生后一直处在没有语言的环境中，长大后就会失去使用语言回路的能力。

虽然胎儿不理解语言，但他们能够正确领会语言所传达的意思。母亲一边抚摸孩子一边说着话，孩子就能准确地感受到这句话究竟包含肯定的意思还是否定的意思。美国的杰·阿连瓦尔多博士把这种母子间的关系命名为"母子间的心灵感应"。

如果母亲一边抚摸孩子一边对孩子说话，孩子就会通过心灵感应接收到母亲的爱。母子间就能产生爱，形成一体感，右脑也会开始发挥作用。母亲的爱抚和对话，是一种超越了词汇的"语言"，能够培养母子间的爱和一体感与信赖感，让母子心灵相通。

以前，人们一直认为，刚出生的婴儿不懂语言，尚未拥有智力和感情，所以这时还不是教育的时机。然而事实却是，孩子从胎儿时期起就在用心灵感应接收母亲发出的信息。

母子间心灵感应关系建立的前提在于，母亲的内心深处要保持平静与安详，这样孩子才能打开心扉，努力接收来自母亲的信息。如果母亲内心深处对孩子的成长感到不安和焦虑，或者持有怀疑、否定的感情，孩子就会关闭心扉，不去接收母亲的信息。于是，不论母亲想要传达什么，孩子也不会听。

这不仅限于母子，父子之间也是一样。如果自胎儿时期起，父亲就经常对胎儿说话，那么孩子就会喜欢父亲。从胎儿时期起就在父母的美好愿望中长大的孩子，心理上能感到满足，能成长为一个对其他人也很温和的孩子。

关于母子间的心灵感应，俄罗斯心理学家帕维尔·纳吾莫夫在他的论文《心灵感应的科学性诸问题》中说道："在我们的调查中，经确认有 65% 的母子存在心灵感应。"在婴儿还不会说话时和他们说话，可以有效地培养婴儿的心灵感应能力，开发他们右脑的基本能力。

如果母亲意识到这一点并改善与婴儿的相处方式，婴儿就会产生明显的变化。本书之所以把"对话"作为重点，单独设立一章，也正是因为它是开启右脑的关键步骤。

如何通过对话准确地传递爱，培养母子间的信赖感，其实是有诀窍的。为了减少父母与孩子之间的错误对话，我将举一些例子。请大家不仅要注意语言表面的意思，还要去体会其中包含的家长的情感和责任感。

传达爱的对话：妈妈好爱你

家长都认为自己对孩子怀有丰富的爱，但是，孩子未必会这么认为。这便是育儿的困难所在。

假如最近孩子有些不对劲，经常哭闹，不听大人的话，甚至还出现了打人这类让人感到困扰的行为，我希望大家能把它们理解为孩子的一种暗示——需要父母的爱。孩子不会无缘无故地哭闹，其中肯定是有原因的。

只要家长能很好地向孩子传达爱，给予他们教诲和引导，孩子就能顺利成长。但是如果不能很好地传达自己的爱，孩子就会感到缺乏爱，心灵也会受到伤害。

父母一旦感到孩子不对劲了，就应该反省一下，最近是否经常责骂孩子，或者是否给予的爱太少了，然后再巧妙地表达自己的爱。这样的话，才能使孩子变回从前的那个好孩子。

那么，怎样才能够巧妙地表达爱呢？

首先，为了夸奖孩子，先让孩子帮你一点小忙。然后紧紧抱住孩子，对他们说："谢谢你帮妈妈的忙，妈妈好喜欢善良的宝宝啊。"这样一来，孩子就会因为自己受到母亲的认可和表扬而接收到充足的爱，心里感到很满足。

于是，之前让人困扰的行为会立刻消失。

之后，孩子就不会再尿床了，也不会再去欺负比自己小的孩子了，他们会发生明显的变化。

每个孩子在内心深处的潜意识里都希望得到父母的认可、夸奖和喜爱。因此，对于认可、夸奖和喜爱自己的父母，孩子可以完全打开心扉，也会乖乖地听父母的话。相反，对于不认可自己、不夸奖和爱护自己的父母，孩子会产生不信任和抵触的情绪，变成一个难以教育的孩子。也就是说，孩子的行为取决于父母对待他们的方式。

如果父母不能肯定孩子而总是否定他们，孩子的反应会变成抗拒。相反，如果父母能够认可、夸奖孩子，并巧妙地表达自己的爱，孩子就会真诚地接纳父母。

为了向孩子正确地传递爱，首先请试着巧妙地让孩子帮忙，然后对孩子进行表扬。这便是很好地表达爱的方式。

培养爱心的对话：心胸宽广比心胸狭窄好

为了将孩子培养成听话、友善、关心他人的孩子，父母应该对孩子说些什么样的话呢？

为了使孩子能够对自己的行为进行反省，必须让他们在心中建立一个标准以判断自己的行为是否正确。而建立这个标准则是父母的职责。

建立标准的方法就是问孩子"心胸狭窄好还是心胸宽广好"，或是"你觉得心灵纯洁好还是心灵肮脏好"。

听到这样的问题，孩子们一般都会回答"当然是心胸宽广比心胸狭窄好"，或者"纯洁的心灵当然要比肮脏的心灵好"。

如果孩子不这样回答，要么他们是在开玩笑，要么就是在发脾气，故意跟父母唱反调。其实，任何一个孩子的内心都认为心胸宽广更好。

因此，当孩子以自我为中心，只考虑自己而不顾虑他人时，请对孩子这么说："你认为只考虑自己的人，是心胸宽广还是心胸狭窄呢？"

这时孩子就会明白，现在做的事是心胸狭窄的事情。

于是,他们会学到为他人考虑、懂得谦让是心胸宽广的表现。

　　同样,当孩子伤害别人时,请这么对他们说:"你觉得伤害他人的人,心灵美好还是肮脏?"

　　孩子自然会找到答案。这时,母亲们要告诉孩子:"能够帮助他人,心灵就会变得美好,如果让他人感到失望或者受到伤害,心灵就会变得肮脏。"通过这种方式能让孩子建立反思自身行为的基准,把孩子培养成一个善良、关爱他人的人。

培养忍耐力的对话：你的忍耐力很好，真棒

　　人们常说在育儿过程中"心灵培育"很重要，但我觉得，现在这种心灵培育的方式好像正朝着错误的方向发展。

　　目前有些幼儿园和小学，由于过分重视心灵培育，正在实施一种放任式的教育方式——"让孩子去做自己想做的事"，然而，我认为这正是产生错误的元凶。让孩子们由着自己的性子去做事，会将孩子培养成不能控制自己情绪、顽固任性的人。

　　人们常说EQ比IQ重要。EQ在日语中被翻译为"情绪智商指数"，指的是心理健康程度。测量EQ的标准为"能够控制自己的情绪"和"能够关爱他人"这两点。

　　现在，我们的教育培育出了大量无法克制自己情绪的孩子。大家难道不认为原因出在我们实施了错误的育儿方式吗？

　　在心灵培育中，重要的是培养孩子的自控能力以及懂得关爱他人的心灵。因此，一定不能把孩子培养成任性的人。但是，有的母亲会理直气壮地说："我们不能对孩子说'不能''不要'之类的话啊。"其实这种做法是错误的。如果不告诉孩子什么事不能做，也不告诉孩子什么事应该忍耐，孩子就会变得固执。

固执的孩子长大后不会遵守社会规则。比如，他们上学时，不会老老实实地坐在书桌前，而是我行我素。这就是错误的自由式育儿方式带来的后果。

对于每个人来说，自由固然重要，但另一方面，大家也需要遵守社会规则。社会是由各种规则构成的，如果孩子不遵守规则，无视规则，那么将会无法适应社会的竞争。

该学习的时候就学习，应该做的事情即便再困难也得去做，只有这样才能够磨炼意志。不懂得忍耐，就无法磨炼自己的意志。

在育儿中最重要的就是让孩子剔除自我中心主义。如果家长让孩子随心所欲，那么和不教育孩子没什么区别。让我们教孩子学会忍耐吧。当孩子培养出耐性时，父母就要好好夸奖他们，这样孩子才会知道自己的忍耐是正确的，并会因为受到夸奖而感到满足，孩子的心也会朝正确的方向发展。

培养耐性的对话：你很努力，妈妈很感动

在培养孩子的耐性时，如果使用"去做××"这样命令的语气，肯定不会取得很好的效果。如果换成诸如"能帮我做××吗"这样的请求语气，则会收到意料之外的效果。让我们用请求的语气请孩子帮忙，这样孩子才会心甘情愿地去做事。为什么？因为我们的请求体现了对孩子的尊重和认可。

命令语气和否定语气都表示父母不认可孩子，这样会打击孩子做事的积极性。

我想请大家记住"否定用否定语气，肯定用肯定语气"这句话。为了激发孩子的干劲，让我们使用能够打动孩子心灵的语言吧，即用"请帮我做×× 好吗"的方式和孩子说话。

每一个孩子在潜意识里都希望能够得到父母的认可、夸奖和喜爱。如果父母说话的语气能满足孩子的这种愿望，就可以打动孩子的心。

当孩子帮了我们的忙或者做完了自己的事，请适时地鼓励孩子："你很努力，妈妈非常感动。"这样孩子很容易感动，从而能打开心扉，变得积极起来，因为母亲的鼓励给了他们行动的动力。

在培养耐性上，还有一件很重要的事，就是让孩子自己设定目标。为此，家长应该问问孩子将来想干什么。

当孩子说"想当××""长大了我要做××"时，父母可以告诉孩子，为了实现这个目标，需要什么条件，必须怎样学习。如果用这种方式来进行沟通，孩子就不会有抵触心理，从而能主动地去努力。只要给予孩子实现目标的动力，他们就会高高兴兴地开始学习。

比如像下面这样进行对话。

"小新，你长大了想当什么？"

"我想像毛利卫❶那样，当一名宇航员。"

"是吗？你想当宇航员啊。那你到时可是要跟外国人一起乘坐宇宙飞船工作的啊，所以一定要懂英语哦。"

这样巧妙地引导，孩子就会明白，想要实现自己的愿望必须学好英语。在有了目标意识后，孩子就会积极地学习英语。

如果孩子没有既定的目标，家长应该创造一个良好的环境，让孩子自然而然地产生学习的兴趣。

例如，当你想让孩子学外语时，不要说"从今天开始

---

❶ 毛利卫是日本首位进入太空的人。——译注

听外语磁带吧"，也不要让孩子听你专门买来的磁带。你可以先兴致勃勃地自己听，孩子看到后也会产生兴趣，问"什么磁带？这么有意思？"，他会因为很好奇而自己也想听。这便是引发孩子兴趣的巧妙方法。

能够自己设立目标并付诸行动的孩子，会为了实现目标而百折不挠地努力。

培养注意力的对话：你做得真棒

很多孩子有注意力不集中的缺点，他们的注意力很容易分散，很难持久地关注一件事情。

父母一旦发现孩子有这样的倾向，会非常着急，迫切地希望提高孩子的注意力。

那么，怎样才能使孩子的注意力集中呢？

不久前，我收到一位母亲的来信："我孩子 4 岁了，在学习钢琴，通常他都是一边挨训一边哭着练琴。因为我相信'环境可以培养孩子的素质'，所以坚持让他练。这样做好吗？"

很明显，这样做是不对的。

如果孩子很喜欢学钢琴，这会有助于开发他的右脑，在这样的情况下才可以说"为孩子创造了良好的环境"，才能够培育出优秀的才能。但是，如果一边训斥一边让孩子哭着练琴，学钢琴就成为让家长和孩子都倍感压力的左脑教育，这时给孩子创造的是恶劣的环境。

同样的一件事情，如果学习方法不同，既可以变成右脑式学习，也可以变成左脑式学习。

一定要记住一点，我们的目标不是让孩子去学什么，

085

而是让孩子如何去学。请不要训斥孩子，而要一边巧妙地
夸奖孩子，一边让他们愉快地学习。这不仅是对待孩子的
正确态度，也体现了科学的育儿思想。

　　只要巧妙地夸奖孩子，孩子就能够集中精力做事。家
长不能只看到孩子做得不好的地方，不能总是提醒和训斥
孩子，而应该关注孩子做得好的地方，并对孩子说"做得
不错哦！""真棒啊！"那么，受到表扬、得到认可的孩
子就会很高兴，并开始喜欢做这件事。

　　让孩子集中注意力的关键在于父母与巧妙的对话方式。

培养独立性的对话：你可帮妈妈大忙了

当孩子黏着父母，离开父母自己什么都不想做的时候，父母该怎么办呢？

"儿子马上就 3 岁了，可是他总喜欢跟在我身后，片刻都离不开我。除了七田真教室以外，我们还在其他地方上课，但是他都不愿意自己去，我只好带他去。我会常常劝他，但他就是不乐意。从婴儿时起，我就一直对儿子说一些表达爱的话，因此，我们母子间的关系一直很好。可是，明年他就要上幼儿园了，我希望他能稍微独立一些，能跟大家愉快地相处。"

其实很多父母都遇到过上面的问题。

孩子之所以离不开父母，是因为不自信。为什么这么说呢？如果父母认为孩子弱小单薄，老是不放心，那么孩子也会觉得自己不行。

要想培养孩子的独立性，首先父母不能再以消极的眼光看待孩子，可以对孩子说"宝宝这么强壮，妈妈可以省心了"或"你可帮妈妈大忙了"，这样孩子很快就会发生改变。

为了使这种对话进行得很自然，父母需要稍微做一些铺垫。可以让孩子帮一点小忙，比如说："能帮妈妈把盘子拿过来吗""能帮妈妈把叠好的衣服放进抽屉里吗"像这样让孩子帮着做一些简单的事情。

　　当孩子帮了你的忙之后，你可以紧紧抱住孩子8秒钟，并对孩子说："谢谢你帮助妈妈。你帮了妈妈的忙，妈妈轻松多了。"

　　由于得到父母的认可和表扬，孩子对自己就有了积极的印象，从而自信起来，自然而然地就能够离开父母，变得独立了。

培养积极性的对话：你在做这件事情吗？真不错

作为父母，你们现在最感兴趣的事情是什么？你们喜欢做这些事情吗？别人能理解你们吗？

"咦？你在做这件事情啊！该怎么做？是吗？好像很有意思。我说最近你怎么精神抖擞呢！"如果有人这么对你说，你会怎样？肯定会觉得干劲十足，做起来也更卖力了吧。

那么，让我们也以同样的视角去看待孩子吧。你的孩子最喜欢做什么？你支持他吗？孩子做事的时候是不是劲头十足呢？

其实很多孩子都有自己的爱好，并且都能很专注地去做喜欢的事，但不少母亲却会让孩子停下来，让孩子去关注其他事情。因为大多数父母希望孩子不要沉浸于某个单独的领域，而能够全面、均衡地学习。我认为这种做法是错误的。

假设一个孩子喜欢汽车，那么我们就可以让他的生活为汽车所包围，比如连环画画的是汽车，玩具是汽车，闪卡也是汽车……然后请父母考虑一下如何利用汽车开拓孩

子学习的方向，要让孩子通过亲身体验来逐渐掌握知识。

"这是德国车，这是美国车，这是意大利车。那么这是哪个国家的车呢？"只要用这样的方式来引导孩子，拓展孩子的兴趣，他们就能轻松地记住知识。

"这种车叫什么？咦？是这么叫的吗？那你知道它在英语中是什么意思吗？"慢慢地采取循序渐进的方式对孩子进行引导，孩子或许会因为对汽车的英文名字感兴趣，而想学英语了。

"这种车是哪个国家生产的？"利用这个话题，可以和孩子玩在地图上寻找国家的游戏。于是，孩子也许又会对世界地理、外国历史等产生兴趣了。

学习时不必拘泥于场所，在哪儿都可以。只要结合孩子的兴趣，加以巧妙地引导，就可以发掘出孩子无穷的能力。

正在玩的孩子看到父母过来或许会有些紧张，因此，请对孩子说："咦？你在玩啊？真不错！"兴致高昂的孩子肯定会讲起自己知道的事情，父母也可以从中发现拓展孩子学习的契机。

我希望大家了解，每天愉快且专注地做一件事，与成功开发右脑息息相关。认可、夸奖和支持孩子，将他们的兴趣往更深处引导，使他们的能力得到锻炼，这是非常重要的。因此，让为人父母的我们和孩子一起快乐地享受他们所喜欢的事吧。

培养创造力的对话：嗯，你的想法真棒

　　为了培养孩子的创造力，当孩子热衷于某件事情时，请父母针对他们的好奇心夸奖说："你能想到别人想不到的事情，真棒！"

　　创造力强的人从幼儿时起就会自己摆弄、制造一些东西。如果你的孩子也是这样，请你多夸奖孩子独特的感性认识和强烈的好奇心。请不要用成人式僵化的观点对孩子说"这好奇怪啊"或"这儿不对吧"之类的话，这样会打击孩子的好奇心。

　　"我一直在做东西。从 5 岁开始，人们就经常对我说：'你们看，那些全都是那个孩子发明的。'"改进了磁录音技术的科学家马宾·卡姆拉斯如此说道。

　　研发了集成电路非结晶质材料的斯坦福·奥夫辛斯基说："从很小的时候起，我就读了各种各样的书，从书中得到很大启发。"

　　发明心脏起搏器的威尔逊·格雷德巴齐曾发出这样的警告："接受的教育太狭窄，会使思维方式变得僵化，这是一个问题。"

　　微处理器发明者特德·霍夫也支持这个论点，他说：

"重要的是好奇心。"

听了这些话之后，想培养孩子创造性的我们，大概能明白应该注重一些什么了吧。

人们常说人的性格分为两种类型，即封闭型和开放型。封闭型的人喜欢常识性的思考，对于新鲜事物会显示出抵触心理；而开放型的人，会把常识当做创造的敌人，努力地去发现新鲜事物。

我们绝不能把孩子培养成封闭型的人，因为封闭型的人不具备创造性，他们的想法很难产生新鲜的事物。

孩子的好奇心都很强烈，会不停地问我们："为什么？""怎么回事？"这种好奇心正是创造力的萌芽。巧妙地增强孩子的好奇心，正是培养富有创造力的孩子的秘诀。

许多孩子在玩积木时，搭好了又推倒，推倒后又搭新的东西，这便是迈向创造的第一步。对于这样的孩子，请一定要鼓励说："真棒啊！别人都没有想到，只有你想到了。"

培养社会性的对话：你真善良啊

有的母亲会觉得自己的孩子跟周围的孩子玩不到一块儿，被大伙排斥。请母亲们稍微反思一下自己的育儿方式，自己是否在把孩子培养成被人人喜欢、爱护和需要的人呢？你是否跟刚出生的婴儿一起快乐地玩耍过呢？因为孩子的社会性和他们在婴儿时期是否与母亲有亲密接触，有很大的关联。

如果母亲从婴儿刚一出生就温柔地哄他们，那么婴儿会手舞足蹈地露出可爱的笑容。孩子的这一举动是在努力回应母亲的爱，这是婴儿的心向外界敞开的体现。与此同时，孩子还会感到向外界敞开心扉"很快乐"。

由此，婴儿的社会性开始萌芽。一旦培养起孩子的社会性，他们就会试着开朗、积极地与他人接触。因此，想要培养孩子的社会性，从婴儿时期起就应该培养孩子开放的心灵。

一旦发现孩子有封闭自己的倾向，要引导孩子向外界敞开心扉。这时，我希望母亲们做以下四件事。

1. 教孩子爱护动物，给予孩子机会向外界释放自己的爱。
2. 紧紧抱着孩子，让他们感觉到拥抱的愉悦。

3.通过帮助他人让孩子体会到帮助他人的喜悦。

4.充分夸奖孩子，让他们充满自信。

当孩子体会到被爱的愉悦，自己也会想付出爱。如果自己做的事都能得到夸奖，那么他们就会产生"还要做"的兴趣。在关爱、夸奖中长大的孩子，对自己会很有自信。这种自身的认同感，会使孩子的心向外界敞开，这样就能逐渐地培养孩子的社会性。

请母亲们巧妙地表达自己的爱吧，在日常生活中播下孩子健康成长的种子。经常让孩子帮你做一些力所能及的小事，并真诚地表扬孩子。

培养自信的对话：没关系，你肯定行

育儿中最关键的是培养孩子的自信和勇气。有了自信和勇气，孩子就可以在这个复杂且充满挑战的社会中靠自己的力量去开辟道路。英国的传统教育、绅士教育的目的就是将孩子培养成为自信且有勇气的人。

社会上既有充满自信、对任何事情都抱着积极态度的人，也有经常感到沮丧、认为自己不行、丧失自信的人。前者做事情大多都能取得成功，而后者做事情经常失败，并且还会找借口说"往往是因为运气不好才失败的"。

孩子步入社会后能否取得成功，取决于幼儿时父母与孩子对话的方式，我这么说想必大家都感到很吃惊。

但这是事实。据说在 100 个进入社会的人中，只有 3 个人能取得成功。因此，我希望大家能明白一点，这些人取得成功的主要原因在于，幼儿时期父母说的话给予了他们积极的暗示。

孙正义是软银公司的创立者，名气很大。他的资产很雄厚，据说有 2 兆日元，还有人说接近 4 兆日元。孙正义在 2000 年的财经杂志《福布斯》富豪榜中名列第八。

孙正义之所以能够成功，得益于小时候父亲对他实施

的英才教育。他小时候每当遇到什么难事，父亲都会对他说："你肯定行的。"受此影响，孙正义对自己没有任何负面暗示，对于任何事情都充满自信。

我们也来学习一下这种方法，永远不要对孩子说"不行"或"你为什么总是做不好"这类消极的话，而应该向孩子说"不愧是×××"或者"你一定行"之类的话。这样才能培养孩子自信、积极的态度，使他们将来取得成功。

让孩子从小时候起就勇于接受各种挑战，这也非常重要。平时我们要经常和孩子强调："没关系，你一定行。"这样一来，孩子就不会畏惧任何事情，勇于接受各类挑战。

但是，很多时候父母都会使孩子产生"我不行"或"我不会"等强烈的退缩情绪。你是那种会对孩子说"不行"的家长还是那种鼓励孩子说"试试看，你能行"的家长呢？不同的方法将培养出不同的孩子，你想培养哪种孩子呢？

父母的育儿方式将影响孩子的一生。对孩子说一些激发他们勇气和自信的话，才能把孩子培养成为像孙正义那样的成功人士。

孩子在幼儿时期小小的成功会增强他们的自信，请在每天的游戏和学习中给予孩子多一点的肯定。

让我们做一个小测试吧。请你准备好纸和笔，在3分钟内试着写出孩子的优点，越多越好。通过这个测试，你能知道自己是否最大程度地了解孩子的优点。

　　与其斥责孩子的缺点，不如夸奖他们的优点。从今天开始，就让我们给予孩子勇气，实施能够增强孩子自信的育儿方式吧。

　　一旦改变了育儿的方式，父母们就会为"孩子开朗了"或"孩子向父母敞开心扉了"等一系列令人欣喜的变化而感动。夸奖、认可、提高孩子自信的育儿方式比一个劲儿地斥责和埋怨的育儿方式更科学。

通过对话培养孩子的远大理想

鲁斯·西蒙斯是非洲裔美国人，她是德克萨斯州一位贫穷农夫的女儿。尽管鲁斯是黑人，后来却成了美国名牌大学的首位女性校长。

鲁斯12岁时就有一个理想："我想成为大学校长。"之所以萌发这个理想是因为她很爱学习，想通过做学问在社会上立足，成为对社会有用的人。

在鲁斯小时候，母亲经常对她说："对于一个人而言，认真地生活非常重要。因此，要记住三点，第一，要有顽强的精神；第二，要有道德心；第三，要注重人际关系。"

鲁斯将这些话牢牢地记在心里，做任何事情都全力以赴。她并不是为了得到赞赏或者体现教养而这么做，而是因为母亲就是这么教她的。

孩子的人格在很小的时候就会逐渐形成。在鲁斯的幼儿时期，她母亲就教会了她认真生活的道理，这对她日后取得巨大成功有很大影响，她最终成为了美国著名文理学院（同时也是女子学院）史密斯学院的校长。

史密斯学院校长选拔委员会这样陈述选择鲁斯的理由："我们想让可能性最大的人来担任这个能够发挥最大

可能性的职务。她的可能性在于顽强的精神、卓越的学术成绩，以及人格魅力。"

这段话意味着什么呢？

我认为，这说明在孩子的成长过程中，母亲的教诲会给孩子造成很大的影响；此外，从幼儿时期就树立起远大的志向，这很重要。

谁都希望拥有美好的人生，但是，有些人的人生却未必美好。这些人为何会走上不美好的道路呢？问题大多出在幼儿时期父母的育儿方式上——父母教给孩子的是什么样的人生观和价值观。

如果家长给予了孩子理想和希望，孩子就能成为有远大理想的人。否则，孩子不但无法拥有理想，还会对人生失望，生活也不会幸福。

请父母们从孩子小时候起，帮助他们树立理想和希望吧。只要孩子拥有了理想，将来一定能像一朵美丽的花儿那样绽放。

伤害孩子心灵的十句话

有些对话能够培养孩子美好的心灵，而有些对话会伤害孩子幼小的心灵。如果母亲的话伤害了孩子的心灵，就会给孩子负面的暗示，使得育儿变得更加不顺利。

孩子的右脑会因为母亲负面的话而立即停止运转。这时，孩子的大脑会迅速转为充满压力的左脑主导，从而失去了心灵的滋润。右脑只有在心灵受到爱的滋润时才会运转，如果对孩子说了消极的话使其关闭心灵，会导致右脑罢工。

下面，我列举出十句母亲们经常说的话，这些话会让孩子产生消极情绪，从而产生负面的暗示。希望父母们在日常生活中千万要注意。

1. 不能做这种事。

2. 不要做……

3. 你快点儿!

4. 你怎么就不明白妈妈的话呢!

5. 我不管了，随你便!

6. 我要说多少遍你才能明白!

7. 你怎么做什么都不行。

8. 你说谎！妈妈其实什么都知道。

9. 让你爸爸去做。

10. 你这个孩子真是坏。

孩子的行为是在日常生活中渐渐养成的。教会孩子评判"Yes"与"No"的标准，并给予他们勇气，是做父母的职责。

但是，如果父母们不断地对孩子说"这个不行""那个不能"，对孩子而言，这并不是一种教育，而更多的是一种压制行为。否定式的对话方式将使孩子丧失学习和做事的干劲。

孩子想去尝试新事物却被紧急叫停，这会挫伤孩子的积极性，就如同将渴望温暖阳光的嫩芽暴露在冬天寒风中，使其停止生长，直至死亡一样。

我希望大家明白，即使是大人无意中对孩子说的话，都会影响孩子适应社会的能力。大人的话体现了对孩子的期望，孩子们相信那就是自己的将来，并会以此为模板去形成自己的人格。孩子们是通过大人的话来发现自己的。

在育儿过程中，我们必须充分认识到与孩子对话内容的重要性。

第5章

提升孩子智力的右脑游戏

　　七田真教室设计了很多右脑游戏，比如 ESP 游戏、闪卡游戏、听读背诵、图画记忆、七田式双语教学法等。这些游戏可以最大程度地开发孩子的右脑功能，提高孩子的语言、记忆、计算能力，以及乐感和外语水平。

七田式育儿课程

七田式育儿并不以灌输知识为目的，而是以培养孩子的心灵为中心，适当开发右脑的能力。

七田式育儿将孩子从胎儿时期到幼儿时期的教育分为四个阶段。其中，胎儿时期是右脑阶段；0~3岁是右脑主导的阶段；3~6岁是由右脑向左脑转换的阶段；7岁以后是左脑主导的阶段。我把这四个阶段的要点总结在下面的表格中，大家可以参考。

胎儿时期为完全的右脑阶段，左脑还不能发挥作用。通过右脑的功能，胎儿能够理解父母的想法和对话。我们不能从这时起就向胎儿灌输知识，因为最重要的并非灌输知识，而是培养孩子的心灵，开发其脑力并使脑力得到正确的使用。在这一时期，母亲具有正确的育儿观念，并向胎儿充分地表达爱是很重要的。在七田真教室，我们也会让母亲们通过图像训练反复与胎儿对话，加深母子间的一体感。

表　七田式育儿阶段及教育要点

年龄	教育阶段	教育要点
胎儿时期	右脑阶段	让我们充满爱意地对胎儿说话，并温柔地抚摸他们，因为胎儿完全能够感受到这些
0~3 岁	右脑主导的阶段	大量且快速地向右脑中不断输入信息，但没必要让孩子逐字理解
3~6 岁	由右脑向左脑转换的阶段	开始让孩子尝试将右脑中闪现的事物表达出来。七田真教室利用看图作文、俳句、绘画、手工制作等课程培养孩子的创造力
7 岁以后	左脑主导的阶段	为了长大以后能够均衡、巧妙地运用左右脑，开始开展记忆和速读等训练，着重培养孩子的理想和远大的志向

在孩子 0~3 岁时，教育的重点任务是灵活运用右脑的特点，发掘右脑快速大量记忆的功能。在这一时期，灌输知识并不重要，希望大家很好地理解这一点。

激活右脑快速大量记忆功能的训练有以下两个要点。

1. 将闪卡快速、大量地放给孩子看，当然还要加上很多解说。训练时速度要尽可能快，而且要大量地输入，这点至关重要。说明一下，该训练以激活右脑的快速大量记忆功能为目的，而不是为了让孩子记住大量的信息。

2. 通过反复训练，培养孩子的照相记忆能力，即培养孩子看一眼就能完全记住，或是能够轻松记忆并重现大量信息的能力。

右脑具有左脑不具备的四个重要能力。

1. 共振共鸣能力。

2. 照相记忆能力。

3. 快速大量记忆能力。

4. 快速自动处理能力。

因此，在孩子 0~3 岁时，应该把重点放在如何开发右脑的能力上，而不是追求理解和记忆。重要的是通过大量、快速地输入信息以开发右脑的作用。在七田真教室，我们会通过使用闪卡等教具来进行游戏活动，以发掘孩子的潜在能力。

3~6 岁是孩子的大脑功能开始由右脑主导向左脑主导转变的时期。在这一时期，要把以前培养的右脑脑力与左脑连接起来。通过让孩子进行说和写，使右脑与左脑的回路相连。因为如果只向右脑输入内容而不与左脑相连的话，就无法进行实际运用。

巧妙地使右脑与左脑完美地连接并发挥作用是很重要的。根据脑神经学家戈拉伯达的研究发现，刚出生的婴儿左脑比右脑大，这是由遗传决定的。

但是，据说天才在幼儿期主要使用的都是右脑，在右脑得到适当锻炼后，才能使左右脑的大小相等。普通人的右脑在幼儿时期本来就不怎么发达，如果再实施左脑教育，左脑就会变得更加发达，这会使左右脑变得不平衡。天才正是由于在幼儿期经常使用右脑，左右脑才得以均衡发展。只有将连接右脑与左脑之间的回路培育出来，孩子长大后才能够均衡、巧妙地使用左右脑。

七田真教室在进行右脑教育的同时，也进行作文、手工制作等左脑教育的课程，以实现全脑教育。

7 岁以后是左脑发挥主导作用的时期，但是为了不使右脑的功能消失，这一时期应均衡运用左脑与右脑。此外，并不是培育出优秀的脑力就大功告成了，为了使这种脑力能为人类服务，还要让孩子树立未来的理想，培养他们远大的志向。只拥有知识或只拥有思维，并不能称作接受了真正的教育。

七田真教室在实施全脑教育的同时，还会教孩子做人的道理，帮助孩子树立开拓人生道路的志向，以及培养他们积极的探索精神和创造力。

　　在本章中，我将介绍七田真教室正在实施的几种训练方法，也可称为右脑游戏。它们不需要特别教材，在家里也可以进行，大家一定要试一试。

锻炼直觉力的游戏：ESP 游戏

感觉分为左脑的感觉和右脑的感觉。

众所周知，感觉有视、听、嗅、味、触五种，与之对应，左脑有接收这五感的眼、耳、鼻、舌、肤五种感觉器官。而右脑会把这五种感觉都转变为图像来认识。

右脑把外界的刺激转换为图像的功能即 ESP，也就是大家常说的直觉力、灵感。ESP 游戏对于开发右脑非常有效，七田真教室就把 ESP 游戏当做基本课程。

ESP 游戏的进行方法如下。

1.冥想。让孩子们闭上眼睛，心情慢慢平静下来。

2.呼吸。让孩子做 3 次深呼吸，呼吸的速度要比平时慢。吸气时，使肚子像狐狸那样鼓起，呼气时让肚子瘪下去。七田真教室称之为"狐狸呼吸法"，实际上就是腹式呼吸法。

3.想象。通过向孩子提出以下问题让他们回答——"只要想象一下老师心中所想的颜色，它就会慢慢显示出来，这是什么颜色呢？""能够通过卡片看到图像，看到了什么呢？"

一般的孩子能轻松答对大部分的问题，而开启了右脑的孩子，则能全部都答对。

让我们来看看老师们发来的课程报告吧。

在进行 ESP 游戏时，让孩子们冥想、呼吸后，我会暗示他们说："什么都可以看见，什么都可以感觉到。"然后用天气卡来进行训练，好像晴天的卡片最容易被找出来，孩子们都说感觉晴天卡被映得红红的。同样，在做"找小鸡游戏"时，孩子们也能很快地找到。

只要右脑被开启，所有的孩子都能回答正确。

同样，如果母亲本人通过训练能够看到图像，那么这位母亲的孩子也能很容易地看到图像。我想请母亲们注意这一点：与其一个劲儿地培养孩子，不如自己也一同进行开发右脑的训练，这样孩子能更容易取得进步。

京都教室　　M.A. 老师

确实如此。如果母亲也一起进行这种训练，那么就能更好地向孩子传递爱，以便建立母子间的一体感，如果心意相通，传递信息就变得易如反掌。所以，母亲应该和孩子一起开发右脑能力。

一旦开发了右脑的感觉，照相记忆能力、计算能力、语言能力等都会被随之开发出来。

以前，不论是家长还是老师，都倾向于进行见效快的左脑教育。每天做 ESP 游戏看上去似乎在走弯路，其实不然，这种方法能够更好地提升孩子的素质。

Y5 岁半了，但其大脑的发育程度却只有 3 岁左右。他的妈妈每天通过进行 ESP 游戏，逐渐使孩子变得越来越聪明。

Y 在进入板桥南教室时还压根儿不会读写，也不认识数字，可以说完全没有数字的概念。但是他却能够画画或者跟着音乐唱歌跳舞，是一个典型的右脑型孩子。

老师们决定让 Y 从最基础的课程开始，更注重他的右脑教育。具体来说，就是让他一天看 500 张闪卡，玩 5 次 ESP 游戏，持续进行 100 天，并让他的父母每天都做记录。另外，他的妈妈每天也要做一些有助于打开孩子心扉的基本功，比如经常拥抱孩子、和孩子相视而笑等。

入校后 1 个月，Y 开始发生了变化。入校后 2 个半月左右，他在学校举行的取毛巾比赛中令人吃惊地获得了第一名。从那时起，他在 ESP 游戏中能够完全正确地回答所有问题，他的能力得到很大的开发。入校后 8 个月，Y 的大脑发育已经成功达到同龄人的水平。

培养快速大量记忆能力的游戏：闪卡训练

闪卡是七田真教室中最重要的教具，具体使用方法是以 0.5 秒 1 张的速度让孩子快速看卡片。

然而，社会上有些人还不能完全理解闪卡的意义，更有甚者还对我们恶言相向。尤其让我困惑的是，一些所谓幼儿教育专家在没有真正理解幼儿教育本质时，就对闪卡大加指责。这些人都认为，我们在用闪卡教授孩子们知识。

只要让孩子们快速、大量地看闪卡，就能够激活右脑。因为此时左脑无法处理如此快速和大量的信息，所以它会停止工作，将这项任务交给右脑。我们用脑波仪观察孩子们在看闪卡时的大脑状态就会发现，这时只有右脑在活跃地发挥着作用。

让孩子快速大量地看闪卡，还可以培养他们的照相记忆能力。照相记忆不同于左脑的记忆，是右脑特有的一种记忆。记忆力不好的孩子可以通过闪卡训练培养出全新的右脑记忆。

在进行闪卡训练时，老师要让孩子们看到没有背景的物体，同时让孩子说出物体的名称。因此，孩子需要正确且大量地记住词汇，于是慢慢地会形成左脑的语言能力。

也就是说，闪卡对于左脑的发育能起一定的促进作用。

闪卡能让左脑与右脑同时运转，让孩子们一边看图，一边听词汇，这样会将掌管图像的右脑与掌管语言的左脑连接起来。

关于照相记忆能力，美国著名脑力开发研究专家WinWenger 在《爱因斯坦基因》一书中，对我的理论和实践做了如下评价。

日本加速学习的先驱者七田真博士和恺撒一样，也采用了钻学习障碍空子的方法。因为他注意到快速输入信息，能够避开反应缓慢的左脑。我们的左脑一次只能处理一个单词或词组。但是，我们在读书、学习外语或是掌握高难度的数学时，必须一次同时处理上百个信息。那应该怎么做呢？七田真博士发现了隐藏于其中的秘密——在向大脑快速输入信息时，左脑无法进行处理，于是便激活了右脑的功能。

即使是脑功能有障碍、不会说话的孩子，通过闪卡训练，也能逐渐培养出语言能力。

下面是来自一位脑功能有障碍的孩子的母亲发来的报告。

　　我的女儿出生时脑功能就有障碍，她现在能够说话真的是一个奇迹。我想，这是七田式闪卡训练的功劳吧。我每天给女儿看200张左右的闪卡，有时我们使用七田真教室的假名宝宝卡，有时按照教材上的内容逐个地教她认平假名。不久，女儿就记住了前五个元音，接着能够使用两三个字的词语，并渐渐地能读一些文章了。结果在上幼儿园之前，她就可以流利地阅读画册了。

东京都　　　H.S. 女士

　　这一事例证明，通过闪卡训练快速、大量地输入数据，激活右脑，可以培养出照相记忆能力和语言能力。再介绍一位脑功能有障碍的孩子的例子，这是他的老师发来的报告。

　　K 患有唐氏综合征，他 5 岁时来到我们学校，当时基本不会说话。因此，我们从快速大量地给他看平假名宝宝卡开始训练，结果 K 很快就把它们记住了。当他大约能记住 50 张闪卡之后，他就开始能说话了。现在他的语言水平已经跟普通儿童差不多了。以前他还有恐慌性障碍，现在也已经治好了……

　　只要将大量闪卡快速地放给孩子们看，他们就会兴致勃勃、全神贯注地盯着。在大量输入语言后，会逐渐自然地输出语言。孩子们的提高多亏有了闪卡，许多母亲都享受到了它带来的喜悦感。

　　右脑教育的优秀之处在于能够救助脑功能有障碍的孩子。大部分患有脑损伤性麻痹、智力障碍、自闭症、学习障碍等病症的孩子，通过接受右脑教育都能够逐渐康复。

提高记忆力的游戏：听读背诵

记忆分为以眼睛为中心的视觉记忆和以耳朵为中心的听觉记忆。大家认为哪一种效果更好呢？其实，听觉记忆在培养游戏能力方面更奏效。

让我们来回想一下一般的学习英语的方法。我们在初中学习了3年英语，高中再学习3年，但我们掌握英语的听说能力了吗？即便学了6年，很多人却无法开口说英语。

但是，如果我们反复听磁带，培养出听觉记忆，那么用不了1年，就能说一口流利的英语了。同样的道理，幼儿也不是通过眼睛看而是通过耳朵听，来培养自己的语言能力。

我们应该从小就反复读书给孩子听，他们通过反复听，能记住书中的内容。要是你读错了，孩子就会马上发现说："错了。"

在培养了孩子的听觉记忆后，再让他们说一说听到的故事或书的内容。如果孩子能够做到这一点，说明他们的大脑功能在发生变化，其大脑已经具备了从输入的信息中发现规则，并将其构筑为新内容的能力。

孩子们是否具备了听觉记忆，将在个人素质上产生很大差异。

　　日本著名汉学家塙保己一自幼失明，但他母亲从他小时候起，就反复地读书给他听并让他记住内容。最后，塙保己一只听一遍便差不多能记住全部内容，这是他通过听觉记忆的训练开启了右脑能力的结果。因此，尽管塙保己一是一位盲人，却能写出巨制《群书类丛》（正编 530 卷 666 册，续编 1150 卷 1185 册）。

　　在训练时，要让孩子反复听、跟读，并背诵下来，这样能培养出普通人所不具备的记忆力。培养出孩子的优秀能力是所有父母的心愿，同时也是我们老师的愿望。

　　人类拥有各种各样的能力，但最根本的是记忆力。提高记忆力的方法有很多，在七田真教室，虽然我们也教孩子"字钉法"（结合视觉图像或语感等记忆线索来记忆信息的方法）和"连接法"（通过把各个单词结合起来造句的方式来记住内容的方法）等记忆法，但最基本的还得通过耳朵听来记忆。

　　听觉记忆也是印度学校传统的教育方法。在印度的小学中，学生上课时不用看任何教科书，只需模仿并记住老师的发音。

　　日本也有通过听来加强记忆的学习方法。比如古代寺庙里的小和尚，就是靠耳朵听来记住各种经文的，如很难

记住的《般若心经》。

我们不能因为内容难以理解，就认定即使教授给孩子，他们也听不懂。只要多读几遍，孩子们是可以记住的。反复不断地进行听读训练，能开发出听觉记忆，这种记忆的效果比视觉记忆更好。

不过，如果只重视记忆输入不重视记忆输出，记忆输出的回路就无法打开，会变为放任自流的授课方式。因此，确认孩子是否记住了内容相当重要。在3岁之前的教育中，我们在记忆输出方面也要多花一些心思。

筑波大学的加藤荣一教授在《到处是天才》这本书中写道：

1991年3月1日，在竹村健一先生的宴会上，我遇到了索尼创始人井深大先生。当我向他请教"使大脑变聪明的方法"时，他回答说："经常背诵文章。古代的日本人都会朗读汉文典籍。第二次世界大战前，日本有10名诺贝尔奖级别的科学家，他们全都进行过古文背诵训练。汤川秀树从4岁起就开始背诵，他不仅背诵了《论语》和《孟子》，还自学了较难的《老子》和《庄子》，而且觉得很有意思。后来，当量子力学理论出现时，他一下子就理解其中奥义了。"

第二次世界大战后，日本教育变成了由简到繁和先理解再记忆的思路，这是成人的思维方式，我们却把它强加给了孩子。

事实上，孩子更擅长记忆复杂的文章和不求甚解的背诵。

由此可见，让孩子不求甚解地大量背诵，是培育天才的方法之一，它的目的不在于记住内容，而在于提升大脑的能力。

左脑教育首先要求理解，但我认为这并不是适合幼儿时期的学习方法。

培养右脑记忆力的游戏：1000 幅图画记忆

向孩子大量输入信息，能够开启右脑快速、大量地记忆信息的能力。

关于右脑的记忆力，请参考七田真教室的实施情况。

小学二年级的 C.F. 通过背诵练习，可以轻松记住文章（她用 20 秒就能记住《幽径》，50 秒就能记住《草枕》）。除了 C.F. 以外，还有十几个孩子也能快速背诵文章。

现在我们有大约 80 名短期班的孩子，包括一年级学生在内，他们都能够背诵文章，课堂气氛非常活跃。"50幅图画记忆"就是通过把图画的播放速度设定为 30 秒 1 张，使得记忆转向快速的右脑记忆。

通过这种方式记住的内容，隔 3 个月后再问孩子，他们也还能记得。注意，在孩子们进行 50 幅图画记忆训练时，一定要尽可能快速，这样才能逐步提高记忆《乌诺林》的水平（七田真教室培育右脑能力使用的教材）。目前，在45 秒内能答对 36 幅图画的孩子有 3 人，能答对 25 幅以上图画的孩子有 20 人。

记忆力好的孩子，绘画能力也会迅速提高，一些孩子的画还入选了比赛。孩子们的整体能力正在发生变化。

对于不擅长背诵的孩子，可以先让他们记忆比较容易的短文，慢慢地会加强背诵能力。

事实证明，只要实行快速学习，就能比较容易地培养出右脑的快速自动处理能力和快速记忆能力。

西神户教室　　H.O. 老师

记忆力分为左脑记忆力和右脑记忆力。

人们通常使用的是左脑记忆力。大部分孩子在学校学习时使用的也是左脑记忆力，左脑的记忆效果不佳，所以学校对它的评价也越来越差。但是，只要我们能够发掘出孩子右脑的记忆力，那么记忆力差的孩子也能变为记忆力好的孩子。这是因为右脑的图像性记忆可以将所见所闻以图像的形式重现出来。

《映像》这本记忆训练教材中有1000幅图画，所使用的训练方法如下。

把1000幅图画录入一张DVD中，分别以普通速度、2倍速度、4倍速度进行播放，让孩子一边看一边说出图像的名称。

该训练有助于培养右脑记忆。右脑记忆是图像记忆，经过训练，老师所说的单词会在孩子大脑中形成图画并显

现出来。

让我来介绍一下七田真教室进行该项训练的情况吧。

Ａ是小学五年级学生，他4岁时开始进入七田真教室学习。

Ａ目前正在为甲子园的赛事努力进行棒球训练。他在11岁时就能打出时速155千米的快球。除了专业球员，一般成年人很难打出时速140千米的球。

那是去年暑假的事情。在我们学校开始进行快速记忆1000幅图画的训练时，我曾对Ａ说："Ａ，长大后你想成为足球运动员、业余棒球选手，还是像铃木一郎那样的专业棒球选手？"他回答："我想成为超级棒球选手！"接着，我又问："打棒球的人很多，大家的身体都很强壮，你知道为什么有的人能成为天才，有的人却只能做个普通人吗？每个人都只有两只手、两条腿、两只眼睛……大家应该是一样的啊。"他答道："我不知道。"

于是，我又和他说："这是因为大脑的功能不一样！身体活动靠的是大脑。既然你特意来七田真教室，那么就要使用右脑，努力成为优秀的选手！你知道该怎样使用右脑吗？除了上课以外，还得快速地记住1000幅图画！只要大脑的功能发生了改变，就能把以前没有用到的潜能用

起来。你一定要做到啊！"结果 1 周后，A 就记住了 1000
幅图。

据说从那时起，A 不仅棒球打得棒，连曾经荒废的学
业也大有长进，常常能拿 100 分。学校老师告诉我，曾经
有人问"A 应该没什么时间学习，他到底是怎样学习的"，
确实，在他提高运动能力的同时，学习成绩也上升了，这
种变化的根源不在于使用了左脑，而在于使用了右脑。因
为只要使用右脑，大脑的功能就会发生变化。

培养计算能力的游戏：点卡训练

点卡是七田真教室的道具之一，它是一个边长为 30 厘米的正方形厚纸，上面无规则地印着 1~100 个红色圆点。

如果将点卡以 0.5 秒 1 张的速度放给孩子看，会发生不可思议的事情。右脑具备很强大的计算能力，能在较短时间内进行复杂计算。训练中只需要通过机械性的刺激来打开右脑的计算回路，不需要理解和记忆。

因此，在孩子 0~6 岁之间，一定要让他们快速地看点卡。

在这个训练中，最重要的是输入，而不是急于输出。父母往往操之过急，在输入的同时就要求孩子输出。右脑计算能力的培养和语言能力相似。婴儿最初只是听周围的人讲话，1 岁之后才慢慢开始说话。有的孩子说话晚，要到 2 岁左右才开始说话。学习语言是大脑与生俱来的一种能力，但如果没有语言环境，孩子很难学会说话。

右脑的计算能力也一样，请不要急着让孩子算出正确答案。在孩子回答不出"是哪一个"时，有的父母就会认为"孩子不行"，之后再也不给孩子看点卡。这种做法是不对的。

　　计算能力是右脑与生俱来的能力，通过机械性的刺激能开启这一能力。

　　开发右脑的关键在于快速、大量的输入。只要持续训练，到了某个时候，快速处理能力会自然而然地发挥作用，也许"昨天还不行"，但"今天突然就可以了"。尽管孩子现在还不能答出正确答案，但不要把这当成失败。即使答不出正确答案也没关系，只要持续进行点卡训练，最后肯定会有成效的。很多孩子在进入小学后，这种能力才开始发挥作用，拥有很强的计算能力，无论是家长还是老师都感到很吃惊。

　　还有不少孩子之前被认为接受点卡训练失败了，但其实他们的右脑已经被开发，而且效果还不错。下面我来介绍一个实例。

　　女儿上小学四年级了。她在幼儿时期不会用点卡计算。但或许是当时的点卡训练到现在才显现出效果的缘故吧，她现在只要扫一眼就能记住内容，而且读书的速度也很快。

　　进入小学三年级下半学期后，或许是她自己开发出了新的能力，又或许是由于图像训练与点卡训练的发挥了作用，她学习起来非常轻松。

　　由此我想，点卡训练不仅能开发出计算能力，还能提

高记忆力、学习能力等。

　　在孩子的右脑中潜藏着令人不可思议的计算能力。对幼儿进行点卡训练，能将这种能力开发出来。即使孩子长大后，也可以运用这种能力。让我们用点卡训练使所有的孩子都拥有优秀的右脑计算能力吧。

　　在七田真教室，我们是按以下方式实施点卡训练的。

　　1.让孩子躺在床上，闭上眼睛。

　　2.做3次狐狸式呼吸。❶

　　3.恢复正常的呼吸，然后引导孩子："老师数到3，你会看到7个红色的点。"

　　4."看到了吗？看到的请举手。"然后确认一下有多少个孩子看到了。

　　5."红色的圆点增加了3个，变成了10个。看到的请举手。"然后再进行确认。

　　6.接着说："老师说'列队'，这些点就会排列成整齐的一列。'列队！'排好了吗？"之后再进行确认。

　　老师随意地说点数，确认孩子是否看到图像，接着再说"列队"，使杂乱无章的点排成整齐的一列。

------

❶ 即腹式呼吸，呼气时让腹部收起；吸气时，腹部鼓起来。——译注

经过这样的训练，可以使红色的圆点在想象中自由移动，即使睁开眼，也能看到。

关于左脑与右脑的计算能力的差异，可以从下面这个故事体现出来。

荷兰数学天才威廉·克莱因能够背出 100×100 位数的乘法表，而另一位数学家爱特肯是在与克莱因比赛背诵乘法表时，打败了克莱因。爱特肯是用右脑计算取胜的，他说："答案刷的一下就从黑暗中显现出来了。"

计算也分为左脑式计算和右脑式计算。从幼儿时期开始学习珠心算，就能够开发出右脑计算能力。曾荣获珠心算四项冠军的波多野优香说："只要一听到问题，算盘就会自动地在大脑里开始运算，答案自然而然地就出来了。"波多野正是运用右脑在进行计算。

学者用 PET（正电子断层扫描）对波多野正在进行珠心算的大脑进行监测，结果发现，普通人在计算时一般使用左脑，而波多野使用的却是右脑。

几年前，在电视台的一个专题节目中，5 岁的清水优美在几秒钟之内就完成了 6 位数乘或除 3 位数的心算。清水优美从 4 岁起就跟着创办珠心算学校的父亲学习珠心算，从而具备了高超的计算能力。据说在父亲的指导下，她的大脑中能够清晰地显现出算盘的图像。

培养英语能力的游戏：七田式双语教学法

0~12 岁的孩子很容易就能学会外语，但是，一旦过了 12 岁，学习外语就变得困难起来。正因为如此，我们一定要在这一时期让孩子学习英语。

培养孩子双语能力的方法如下。

1.让孩子重复看《假名宝宝图》（英语版），先向孩子大脑中输入 1600 个单词。

2.让孩子看英语连环画，听 CD。让他们反复听，直到可以背诵下来（首先以背诵 50 本为目标，也可以使用七田真教室的教材《沙河子的一天系列》或《SPEAK UP STORIES 系列》）。

3.让孩子听并记住英语歌曲（可以使用《鹅妈妈童谣集》）。

4.让孩子看动画片（选取有趣的、孩子爱看的动画片，比如《玛丽的朋友》，讲的全是孩子身边的事情）。

5.使用适合孩子的英语教材，比如七田真教室的教材《与孩子做朋友》。

让孩子学好英语的诀窍在于，为孩子创造一个学习英语的环境，如每天能营造出 30 分钟的英语环境。这时要注意的是，我们不能强制地去教。要营造出一种轻松的氛围，让孩子可以愉悦地去听，这是成功的秘诀。只有这样，才能让孩子喜欢上英语。下面，我想跟大家分享一份学校老师发来的报告，是关于使用《与孩子做朋友》所取得的成效。

从4月开始学习《与孩子做朋友》以来，我切实感到右脑课程真的很有效。虽然只是放CD给孩子们听，每天让孩子们看20~30张卡片，但是他们很快就可以读出老师给出的卡片或连环画《幸雄的一天》。

我明显感到有效果是在3个月后。起初我必须教好几遍，孩子们才能记住，但当我在3个月时快速地把卡片放给孩子们看时，他们居然能够轻松地记住。而仅仅到第4个月，他们就记住了500个单词。

当然，不仅是单词，即使是连环画，我只要读一遍，他们也能记住。还能用英语回答我的提问，或者进行自我介绍。

从孩子们很小的时候开始，我就一直坚持让他们听《沙河子的一天》等故事，这样能使进入他们潜意识的单词一下全都浮现出来。

西院教室 M.M. 老师

通过右脑教育法能提高孩子的英语水平。右脑教育法很注重闪卡的使用，这并不是为了灌输知识。由于右脑的快速运转，如果以 0.5 秒 1 张的速度给孩子们看卡片，能培养出他们瞬间记忆的惊人能力。这样一来，记忆的效果会发生改变，以前记忆力不好的孩子也逐渐变得擅长记忆了。

同时，右脑的技能也能得到开发，孩子只要看一遍连环画就能把内容记住，或者能把以前输入的英语表达形式从潜意识中调出来，并运用语言能力和表达能力进行输出，从而掌握英语。

培养乐感的游戏：图像学习法

上音乐课时也可以采用照相记忆的方式。照相记忆只需通过听和看，就能将内容原样重现。巧妙运用照相记忆的图像学习方法最适用于培养乐感。

在开始课程之前必须进行冥想、呼吸和想象，这并不是单纯的仪式。只有这样做，孩子们才能进入右脑潜意识状态，用右脑学习课程，从而取得更好的效果。如果省去了这一程序，就会仍用左脑学习，无法真正提高学习效率。

每个孩子的大脑结构都是一样的，但为什么会产生能力的差异呢？这取决于孩子接受的是左脑教育还是右脑教育。也就是说，问题在于教育的方式。

我们的大脑在自然状态下一般由左脑发挥作用。在大脑的结构中，左脑处于主要地位。不过，如果进行冥想、呼吸，大脑的状态就会由左脑切换到右脑。在这种状态下，只要让孩子进行想象，就会产生预想中的结果。

这正是开发右脑功能的基本步骤，也是发掘孩子天才能力的秘诀。

在上课前，可以按照下面的方法让孩子进行冥想、呼

131

吸，并进行进入右脑潜意识状态的想象。

"大家躺在床上，来玩过家家的游戏吧。睡着了的人是不动的哦。眼睛不能睁开，也不说话，慢慢地呼吸。"

当确认孩子们已经安静地进入冥想状态后，再按照下面的方法让孩子们进行呼吸。

"接下来，让我们试着做狐狸式呼吸。呼气时让肚子瘪下去，吸气时像呼吸那样让肚子鼓起来。"

这样呼吸四五次以后，对孩子们说："想象红色的气球。红色的气球出现了！看到红色气球的请举手。"孩子会立刻把手举起来。因为他们通过想象，确实看到了红色气球。因此，如果让孩子在想象中把学到的东西再复习一遍，那么他们能马上掌握所学的东西。此外，你也可以让孩子找出自己的榜样，然后想象自己变成了那个人，只要这样反复想象多次，他们就有可能在将来成为和那位榜样一样的人。

WinWenger 博士曾让一位从未摸过小提琴的女孩梅阿丽用"榜样变身法"学会了小提琴。所谓"榜样变身法"就是让孩子找一个天才作为自己的榜样，然后将自己想象成那个天才，从此学习那位天才的才能。

梅阿丽在练习小提琴时，想象自己变成了她的榜样雅莎·海飞兹，2周后她的演奏水平提高得很快，让周围的人大吃一惊。

　　29 岁的中川英二郎是一位长号演奏天才。《文艺春秋》2001 年 2 月的"引领日本 21 世纪的 100 人"将他选入其中。中川 5 岁时曾在电视上看到长号演奏者的表演，说："真帅！我也想吹长号。"于是，他的音乐家爸爸便向友人借来长号让中川练习。中川在练习时一直想象自己是电视里的那个演奏者，结果 1 周后当他把长号还回去时，他已经可以很好地演奏了，这让他的父母非常意外。

　　对于想象力丰富的七田真教室的孩子来说，"榜样变身法"是效果最好的教育方法之一。

　　我们让孩子广泛地阅读伟人传记，并从中选择自己的榜样，然后通过想象训练使自己变成那个人。

　　S.Y. 在七田真教室上学。他从 5 岁多开始学习小提琴，但是 3 个月后，他并没有取得多大进步。他的母亲向老师咨询，老师建议说："这是因为他还在用左脑学习。S.Y. 一直在七田真教室上课，你只要让他用右脑的图像法学习就可以了。"于是，他母亲就让 S.Y. 用图像法学习小提琴，同时还使用了"榜样变身法"。S.Y. 的母亲让他看了一位在小提琴演奏比赛中获奖的 11 岁男孩的录像，并让他在拉小提琴时，把自己想象成这个男孩。结果，虽然 S.Y. 的练习时间比以前短了，但进步很快，8 个月后他就达到了与专业人士同台竞技的水平。进步之快让人难以置信，他的小提琴老师也感到很吃惊。

S.Y. 的母亲说，如果没有图像训练和"榜样变身法"，他是无法做到这么好的。

培养运动能力的游戏：心理训练

如何在右脑教育中培养运动能力呢？

人类的大脑其实无法区分用身体练习和用想象练习的差别。因此，在孩子冥想、呼吸后，只要让他们用想象进行练习，他们会很快发挥出运动能力。

在体育运动中，必须从"心、技、体"三方面进行训练。其中最重要的是"心"的训练。通过让孩子在想象中进行"心"的训练，从而培养出体育成绩优秀的孩子。

让我们来看一下通过想象提高运动能力的事例吧。

一位小学二年级的男生从很小的时候就开始学习游泳。由于他体格强壮，因此刚上一年级时就能用混合泳的方式游 200 米。

但是他却很难再提高游泳速度，为此很烦恼。在过级测试前的 1 年里，他始终无法突破 4 分钟。

后来他接受了七田式右脑教育，我们决定在过级测试前让他进行图像训练。从过级测试 1 周前起，每次乘车时我们都会让他按照以下方式进行想象。

首先，一边呼气一边放松身体，然后让他在大脑中想

象蓝色的球："闭上眼睛，就能看到蓝色的球。"接着，让他想象自己站在泳道前，并将从过级测试的场面到周围的情景（如老师的脸、朋友的脸、在第几泳道游泳等）都想象出来。当我们问他"你看到了什么"时，他一边闭着眼睛想象，一边滔滔不绝地告诉了我们。当我们喊"预备，开始！"后，他就在想象中开始游泳，接着他说："结束了！"我们问："老师的秒表显示的是几分钟？"他说："3分59秒。老师说合格了，还跟我握手了呢。"

第二天继续进行想象练习。当他闭上眼睛，想象自己站在泳道前时，我说道："预备，开始！"这一次他的成绩是3分55秒，在想象中他比前一天游得更快。

之后的一天，我们对他说："今天要游到3分50秒哦。"然后让他想象。接着，我们让他想象在测试那天，他的成绩合格了，老师、朋友和他的母亲都很高兴地对他说"你真努力"。

结果，在过级测试的当天，他游出了3分50秒04，以历史最好成绩顺利地通过了考试。以前每次游泳后，他都会说："好辛苦啊！"但是那天他却说："今天一点儿也不累。游泳时我的身体好像变成了一条龙在戏水。"

冈崎市　　T.O.先生

掌握速读能力的游戏：1 分钟速读训练

采用想象法，速读训练也会变得很简单。

这种方法是让孩子在冥想、呼吸后，用想象法进行速读训练，接着再进行默写训练。

速读很简单，孩子一个人就可以完成。

速读时需要准备的只是 CD、书、稿纸和铅笔。在 CD 中需事先录入冥想、呼吸、暗示、想象、开始速读的信号，以及 1 分钟后"停止"的信号。这样，孩子自己就可以每天利用 CD 进行速读默写的训练。

可以按照以下方式录制 CD。

"已经做好速读的准备了吧。让我们闭上眼睛，进行 3 次深呼吸。然后再慢慢恢复到普通的呼吸"。

"现在，你们的大脑里有一台电视，里面显示出了清晰的图画。今天让我们来想象自己正在进行速读的样子。好，老师发出'开始'的信号了。大家打开书，正在滔滔不绝地读呢。书上的字嗖嗖地飞进了我们的大脑。好，全部都飞进去了。"

"注意，老师发出'停止'口令了。大家让稿纸和铅笔动起来吧。铅笔刷刷地动起来了，它在稿纸上写满了字。"

　　"现在大家睁开眼睛，开始速读训练。尽可能用 1 分钟把它读完。开始！"

　　（1 分钟后）"停！现在让我们把它默写到稿纸上吧。"

　　孩子们可以速读《伊索寓言》。此外，还有《格林童话集》（1~4 卷），塞顿的《动物记》（1~3 卷）等。

　　只要每天坚持训练，3 个月就可以把一本书的全文默写出来。6 个月后，即使对这种方法不以为然的家长也会发现它很有效果。

　　一位母亲曾打来电话告诉我这样一件事。她很奇怪自己孩子的学习习惯，于是问孩子："你为什么不先学习教科书再看问题呢？"孩子回答道："我只要读一遍，内容就会印入我的大脑，所以不用老看书。"这位母亲经过确认后发现，孩子果真只要读一遍就能把内容记住。在前不久上课时，这个孩子还在大家面前现场表演了速读。

　　这个方法不需要老师或家长的帮忙，孩子自己就能轻而易举地掌握速读能力。

第6章

右脑训练中的常见问题

年轻的父母们在育儿过程中会遇到各种各样的烦恼。在本章中，七田真博士针对母亲们提出的问题，一一进行了解答，相信对大家的育儿会有很大的帮助。

右脑开发后的状态是什么样的

儿子现在 6 岁了，所谓开发右脑指的是什么呢？"右脑被激活"和"右脑被开发"这两种状态有什么差别吗？比如，是能够做到 40 幅图画记忆，还是能产生创意或灵感？是能够滔滔不绝地发言，还是变得有爱心了？……能详细地讲解一下吗？

东京都〇女士

在七田真教室，我们将右脑被开发的状态定义为"具有照相记忆能力，并能够灵活运用的状态"。一旦能在孩子的大脑中显现出图像，并且他们做 ESP 游戏能全部答对，那么孩子们的照相记忆能力、速读能力、右脑计算能力和乐感等也会被开发出来。此外，如果通过训练激活了右脑，孩子就能与他人产生一体感，变得富有爱心，很多想法和灵感便会不断涌现。这样就能逐渐培养出孩子的照相记忆能力，从而进入右脑被开发的状态。

大量记忆数列有什么意义

我有一个关于记忆内容的疑问。记住圆周率200位、300位……1000位与只记住100位或者其他的数列，有什么不同的意义？虽然我相信你们的课程不会做任何无用功，但是我丈夫说，如果同时也记其他的数列，与只记圆周率相比，效果也许会更好。尽管我也认为记忆的方法很重要，但是如果有人对我说"反正用其他方法也能记住"，那我便无法理解。拜托解释一下。

琦玉县 N 女士

在记忆圆周率时，可以通过不断增加位数来向右脑大量输入信息。如果是一般的数列，就做不到这一点。

右脑教育并不是向孩子灌输知识，而是通过快速大量地输入信息，培养孩子瞬间记忆信息、随时输出信息的右脑能力。

这并不是说记忆其他的数列就不好。如果通过记忆圆周率培养出了轻松记住数列的能力，那么再记其他数列就会易如反掌。如果你认为有必要记其他的数列，或许可以在家里试着教教孩子。

"5分钟暗示法"会压抑心灵吗

　　我曾尝试着做过几次"5分钟暗示法"，虽然确实感到有效果，但还是有一点不安，因此特向您请教。您说过暗示是片段性的，因此我担心如果说话时用词不当，会不会压抑孩子的心灵？由于暗示太有效了，家长就会按照自己的心愿去操控孩子的感情，我因此而感到很不安："这样做真的好吗？""这样对孩子真的会有帮助吗？"

名濑市　　K女士

　　对于你的担心，我认为只要不将不好的暗示传递给孩子就没有什么问题。什么是好的暗示，什么是不好的暗示，母亲们心里应该会有一个度。

　　似乎有一部分人认为"暗示会压抑孩子的心灵，不太好"。其实，母亲每天对孩子说的话，基本都是有暗示性的，像"不行，为什么你做不到呢""是因为没有好好听妈妈的话"等，都带有压抑孩子心灵的暗示。而类似"你心地善良，你是个好孩子，能使周围的朋友感到幸福。大家都说跟你一起玩很高兴"这样的话，就带有能使孩子敞开心扉的暗示。其实，父母每天无意识中说的话才更容易成为压抑孩子心灵的暗示,请大家明白这一点。只要了解了"5分钟暗示法"可以引导孩子朝向好的方面发展,大家就可以放心使用它了。

胎教应该从什么时候开始

　　我现在已经怀孕 3 个月了。我听说胎教很重要，因此想尽自己的能力试一试。据说胎儿也有意识，因此可以对他说话。在这个时期，胎儿的意识已经开始萌芽了吗？如果跟胎儿对话，能沟通得了吗？是不是在这个时期安安静静地比较好呢？

　　　　　　　　　　　　　　　　　　福冈县　　I 女士

　　在怀孕 3 个月时，胎儿还没有左脑意识，但右脑已经在发挥作用了。因此，请从现在开始，向胎儿表达你的想法。只要充满感情地跟胎儿对话，是完全可以沟通的。

　　福井县的 M 女士知道胎儿即使只有一两个月大，也能跟她产生心灵感应，能理解她的心。于是，自从得知自己怀孕这一好消息后，她就开始充满爱心地跟胎儿对话。

　　当怀孕 3 个月时，M 女士在医院做超声波检查，她在心里对胎儿说："动给妈妈看看。"于是胎儿真的动了一下。当胎儿 5 个月时，她又通过超声波检查看到胎儿的脸转向一边去了，因此又在心里说："能不能把脸转到这边来啊。"结果胎儿马上就把脸转过来了。

胎儿能够理解母亲的想法。如果你想在心里表达自己的爱——"宝宝要健康地成长啊！出生时靠自己的力量顺利地出来啊！"胎儿就会按照你的意愿顺利地出生。

不过，我们不能从这时就开始教授胎儿知识。所谓胎教并不是教授知识，而是母亲向胎儿表达爱意，使母子之间心灵相通。

如何把握夸奖和批评的尺度

　　七田先生经常说不要责骂，而应该夸奖孩子。尽管如此，有时批评也是必要的。我不知道该如何把握夸奖和批评的尺度，特向您咨询。

大阪府 C 女士

　　有时确实有必要批评孩子。如果孩子做任何事情父母都称赞的话，孩子会十分任性。我们常说的情感智商指数（即 EQ），首先指的就是能够控制自己的感情，其次是对他人有爱心，这两点是最基本的。

　　那么我们应该如何培养孩子的 EQ 呢？

　　为了培养 EQ，应该从孩子小的时候起就教会他们两件事：一是不要给他人添麻烦；二是不说伤害他人的话。如果孩子的行为违背了这两条，就必须先说服他们，然后再跟孩子约定："如果你再不听话，我就要批评你了啊。"如果之后孩子依然我行我素，经常说伤人的话，那么就有必要好好地斥责孩子了。这一点非常重要。

148

能否使用命令的语气让孩子做事

我是5岁和1岁两个女孩的母亲。认可式育儿究竟是怎么回事？如果大女儿看着我一直在照顾小女儿，或许大女儿会有点嫉妒吧？对于换衣服等这类力所能及的事情，大女儿会对小女儿说："我们一起来做吧。"她们已经学会了这种相处方式。但是除了换衣服，我能不能要求她们自己处理所有事情呢？

爱知县 U女士

如果用命令的语气对孩子说："自己换衣服！"孩子肯定不会按照父母的要求去做，或许这是所有母亲都有过的体验。

但是，如果对孩子说："你能帮我……吗？"以请孩子帮助的语气提出要求，并且在孩子做完后紧紧地抱住他们说："谢谢你帮了妈妈的忙，妈妈好爱你啊。"像这样夸奖孩子，孩子就会敞开心扉，开始自己考虑问题，并想要去帮妈妈做更多事情。

使用命令的语气会使孩子紧闭心扉，而使用祈使语气请求孩子，则能够激发孩子做事的欲望，这便是认可式育儿。

如果想让孩子做什么事情（例如让孩子自己换衣服等），直接对孩子讲或者命令孩子去做是不恰当的。如果请求孩子帮忙做一些力所能及的简单事情，并且在孩子做完后给予认可和夸奖，那么孩子紧闭的心就会慢慢打开。而当孩子乐于帮助他人时，也就能够顺利地处理自己的事情了。

家长如何保持稳定的情绪

我有3个女儿，她们分别6岁、4岁和2岁。我想请教一下家长保持稳定情绪的方法。我也想在教育孩子时给孩子认可、夸奖和爱，但是最近我很困惑，如果连我自己都得不到认可、夸奖和爱，那么该怎么办呢？

神奈川县　　M女士

如果家长情绪稳定，孩子也会很乖。母亲可以在睡觉前躺在床上想象一下自己变得焦躁不安的样子，然后闭上眼睛，重复做腹式呼吸。慢慢地，焦躁不安的情绪会消失，心情也会轻松起来。这时，请一边呼吸一边这样想象："身心都很放松。呼气时将烦恼和不安都吐了出去，吸气时则将正面能量吸进了体内。"

接着，你想象有两个自己，一个是正在思考"我是这样"的自己，另一个是充满爱心、受到别人尊敬的自己。请你首先爱周围的人，之后别人会将加倍的爱返还给你，进而就会认可、夸奖你了。

在每天晚上睡觉前进行这样的想象就可以了。你所想象的事会逐渐变成现实，这就是右脑的力量。

七田真：0~6岁右脑教育法

如果你改变了，周围的人也会发生变化。他们会认可你、夸奖你、爱你。这样的话，你就能够给予孩子认可、夸奖和爱了。

真的不能体罚孩子吗

　　我有2个儿子，大儿子2岁11个月，小儿子1岁7个月。以前我听您在演讲中说："批评孩子时请绝对不要打孩子。"我一直记在心里。一些书上也这么写："无论在什么样的情况下，都不要体罚孩子。如果因为孩子做了坏事而打他们的手或拧他们的屁股，会对孩子产生负面的影响。"

　　但是我的大儿子到了2岁左右，就开始嬉皮笑脸地不听话了，还会欺负弟弟和其他孩子，每到这时我就忍不住想打他。即使不打他，为了表明自己的态度，我也会大声地斥责他，这样孩子会感到害怕，我想效果或许跟打是一样的。

　　我并不觉得孩子只有挨打了才会明白事理。但是，以前人们常说"打是亲，骂是爱"，我们也经常见到家长打孩子的手或屁股。即使这样，我们是不是还是不能打孩子？那又应该如何让孩子明白什么事情能做，什么事情不能做呢？

　　小儿子现在对我说的话还不太明白，因此我只好明确地告诉他"不能做"，这样做对吗？

札幌市　　K女士

153

回顾我的育儿经历，好像从未打过孩子，孩子们也说："不记得挨过打。"而且，回顾我的孩提时代，我也不记得自己曾经被父母打过。孩子做了不该做的事情，或者做错了事情，只要好好教导，孩子就会明白，因此没必要打孩子。

我提倡不能打孩子，并不是说可以放任孩子不管。如果想要改变孩子的想法，父母应该先改变自己的育儿方式。与孩子心灵相通，孩子才会明白事理。因此，只要家长改变了态度，孩子才会跟着改变；只要父母向孩子传达了发自内心的爱，家庭就能变得很和睦，孩子也会变得心地善良。与其训斥、打骂孩子，不如父母先改变一下自己。

孩子之所以会做错事，并不是想挨家长骂，而是因为他们内心下意识地希望得到父母的认可，得到父母更多的爱。如果父母扼杀了孩子的这种希望和需求，打骂孩子，孩子内心的愿望没有得到满足，就会变得更加不听话、更加叛逆。

父亲应该如何与孩子建立亲密的关系

　　我的丈夫工作非常忙，几乎没有时间跟孩子待在一起（星期天也照常上班，偶尔休息也一整天都在睡觉）。或许出于这个原因吧，8个月大的孩子和爸爸不太亲近，他偶尔抱起孩子，孩子就会着魔似的哭起来，所以他现在也不怎么抱孩子了。这种恶性循环一直持续着，我不知道该如何扭转这一局面。我一直对孩子实施"5分钟暗示法"，对他说"爸爸其实很爱你"。难道也必须对他爸爸实施"5分钟暗示法"吗？为此我很烦恼。

爱知县　　　U女士

　　父子间的肌肤接触是很重要的。目前这种状况如果继续下去，将无法培养父子之间的心灵感应，父子关系也会越发淡漠，甚至会影响孩子的一生，一定要重视这种情况。

　　你的丈夫必须了解与婴儿相处的方式，突然抱起孩子是不行的。

　　首先要让孩子看到父母和和气气说话的样子，这样他就能够一点点地接受父亲。

　　接下来，你的丈夫需要笑容可掬地对孩子说话，等孩

子习惯之后，再去抱他，一边抱着孩子在房子里转悠，一边充满爱心地跟他说话，这样就会慢慢地加深与孩子之间的感情。

　　如果你的丈夫学会了与孩子的相处方式，孩子就会对他笑，让他抱，然后再多抽出一点时间跟孩子说话，肯定能培养出非常亲密的父子感情，而你的丈夫也会变成一位特别疼爱孩子的好爸爸。

父亲与母亲的角色分工是什么

　　人们常常认为，育儿是一件父母合力才能完成的事情。如果父亲一心扑在工作上，对孩子熟视无睹，那么即使母亲再疼爱孩子，孩子的成长也是有缺憾的。因此，我认为父亲最好也能积极地参与育儿。

　　让我感到疑惑的是，父亲与母亲在教育孩子方面会不会有角色分工？之所以这么说，是因为我们俩人对同样的事情有不同的想法。对于我的意见，丈夫有时候不赞同，还经常站在我的对立面。这时候该怎么办呢？

东京都　　Ｔ 女士

　　育儿的确需要父亲与母亲相互帮助来完成。

　　首先，父母相互尊敬很重要。在一个家庭中，必须有"敬"。所谓"敬"，就是相互尊敬与尊重。父母对孩子也应心怀"敬意"，当发现孩子有做得不好的地方时，与其责备孩子，还不如表扬孩子。家庭中只要有了"敬意"，无论什么事都会顺利解决。在育儿时，父亲的主要作用如下。

　　1. 弥补母亲的不足。

　　2. 考虑如何培养孩子的心智和性格。

3.为了减轻母亲的压力，尽全力协助育儿。

4.做孩子的楷模，为孩子做出示范。

父亲的作用是支持母亲的育儿工作，比如，在星期天时跟孩子一起在外面玩，锻炼身体。或是从父亲的角度来看待孩子，培养孩子的爱心。在这个过程中，做孩子的楷模可以说是父亲最重要的作用。

如果夫妻双方与孩子相处的时间都很有限
应如何育儿

我有一个小学一年级的儿子和一个 4 岁的女儿，现在又有了 9 个月的身孕。我是一个自由职业者，大多数时候都很忙，每周只有 4 天晚上可以跟孩子一起度过。我尽量抽出时间跟孩子们在一起，一直实施"5 分钟暗示法"，但是时间还是不够。而且产后 2 个月左右我就必须继续上班，跟孩子在一起的时间很少，为此我感到很焦虑。

在如此有限的时间里，我该怎样和孩子们一起度过呢？

福冈市　　M 女士

目前，双职工家庭十分普遍。没有充足的时间跟孩子相处，已经成为很多父母共同的烦恼。

如果你和孩子相处的时间很有限，一定要尽可能地找时间陪他们，其他的事情如果做不到就不必做了。意识到这一点非常重要。如果勉强去做自己做不到的事情，就会产生焦虑，会使育儿变成一种压力。

　　在此基础上，还要把充分表达爱作为育儿的首要目标。对于充分享受到爱的孩子，只要好好跟他们讲道理，他们就会理解父母的忙碌，从而学会自己照顾自己。

　　在育儿中重要的是培养能够独立思考并主动采取行动的孩子。我们不如把目前的环境理解为，让孩子独立思考并做自己喜欢的事的大好时机，以便培养孩子的独立性、自主性。要从积极的角度看待事情。

　　不过，在这过程中，向孩子充分表达父母的爱是基础。有限的时间应该主要被用来充分传达你对孩子的爱，至于教授知识之类的事则可以委托给照看孩子的人。为此，你需要好好物色一个可靠的人，安心地将孩子交给她照看。

跟周围的母亲和孩子们应该如何相处

我家附近差不多同一年龄段孩子的母亲们形成了一个小群体，我和孩子都没有融入到这个群体中，为此每天我都会感到被人疏远，心情很压抑。我跟那些家庭从不来往，而且我们育儿的观点也不同。我一直认为，无论是我还是孩子，都跟这个群体不合。但是因为我的孩子和其他孩子没有交流，所以显得孤零零的。

虽然孩子好像也喜欢一个人玩，可他马上就4岁了，要是能跟大家处好关系，融入群体中，也许会更好吧。

不过我又非常担心，孩子上幼儿园时会不会因为身体弱而被欺负呢？我很想把孩子培养得更加自信。我该怎么办才好呢？请给我一些建议。

兵库县　　S女士

母亲应该跟邻居们处好关系。只要母亲跟邻居的关系处好了，孩子就会融入小朋友们的圈子里，快乐地玩耍。

不需马上就跟所有的母亲成为朋友，你可以先选择其中的一位，制造一些机会，比如"这是从老家寄来的东西，尝尝吧"等，慢慢地熟悉起来。

只要能够敞开心扉跟别人说话，对方也一定会真诚地接受你。一旦聊起天来，因为大家孩子的年龄都差不多，因此能找到共同话题，内心的隔阂自然就会慢慢消除，还会聊得不亦乐乎呢。

　　在创造机会和邻居认识之外，还要再进一步加深关系。关键在于你需要包容他人，而不是只想从他人那儿索取爱，还应该向周围的人付出你的爱。如果你能以爱为中心跟周围的人相处，那么在爱心所及之处，你和他人的关系一定会更加和谐。

　　在每天晚上休息时，请你想象自己变成了一个施予别人以爱的人。请摒弃自己不善于跟人交往的想法，想象自己与周围人和睦相处的样子吧，这是最好的解决方法之一。

孩子不认真训练应该怎么办

我儿子5岁了，但是他在学校不认真进行图像训练。"我不想做那个！"他常闹着说。此外，他也不认真做冥想、呼吸和想象的训练。即使提醒他"好好做"，他也不听。不过其他的训练他倒是会认真做，这该怎么办才好？

东京都　　A女士

对于这样的孩子，应该回溯至胎儿时期寻找症结所在。请你将孩子抱在腿上，一边抚摸着他，一边讲他在你肚子里的事情。

如果他不喜欢被抱，那么说明在胎儿时期，孩子的心灵曾遭受痛苦的伤害。这时，请你好好反省，回忆一下妊娠时是否伤害过孩子，然后用之前介绍过的拥抱法真心地对孩子道歉。只要你表达了内心的爱，孩子就会逐渐发生变化。

让我从七田真教室的老师寄来的信中介绍一个例子吧。

4岁的B，已经入校7个月了。从0岁开始，他就一直接受着积极的教育，能力应该很高，可是他的表现却相

163

当不稳定。我觉得很奇怪，后来发现他在胎儿时期曾留下了悲伤的记忆。他的妈妈怀孕时受了很多苦，并认为这些都是孩子造成的。不过，当他的妈妈对此表示歉意，并向孩子表达了爱之后，B就逐渐稳定下来，能够安心地进行课程训练了。

以前这个孩子好像经常被训斥，对爱已经没有信心了。但是通过母亲的拥抱，他发生了改变，变成了一个纯朴、热情的孩子。

北见教室　　M老师

孩子不能集中精神进行训练应该怎么办

儿子从4月入校，到现在已经7个月了。其他学生都能安静地听老师讲课，只有他要么大声嚷嚷，要么睡觉。这是怎么回事呢？我为此很烦恼。

爱知县　　K女士

每个孩子都有自己的个性，在每一个阶段都会发生变化。孩子们就是这样逐渐成长的。

目前你的孩子所处的状态只是一个暂时的过程，不会长久持续下去，所以，请用长远的眼光来看待孩子。

要训练多久才能见效

我的孩子现在 7 个月大，进入七田真教室已经 1 个月了，但是无法专注地进行训练，大多数时候会因为困了而吵闹。这让我很为难。怎样才能让孩子认真听完 50 分钟的课呢？

即使在家里让孩子看卡片或者连环画，他也只会摸摸舔舔。这种状态是否还会继续下去呢？

大阪府　　A女士

如果孩子每次因为犯困而吵闹，那不妨避开那个时间段，等他睡醒后大脑清醒时再进行训练。而且，训练应该选择能够让孩子愉悦、专注的内容。例如，能发出声响的游戏、通过手的触摸来培养触觉的游戏等，这些都是能让孩子愉快接受的训练。

7 个月大的孩子还不能长时间地集中注意力，我们可以采取缩短卡片和连环画训练时间的方法，或者用别的训练代替。如果想让这么大的孩子感兴趣并集中精力去训练，就要将每个训练的时间缩短。与其让孩子一次看很多卡片，不如分为两三次，一边训练一边确认孩子是否在专注地看。

吸引孩子的注意力是关键，因为如果孩子不专心，训练起来心不在焉，就无法取得好的效果。

孩子在家里与在外面表现不一样是怎么回事

儿子已经1岁1个月了，在学校不论是听音乐还是看录像，都待着不动。但是一回到家，只要让他听录音带，他立刻就像变了一个人似的手舞足蹈，我很想让学校的老师看看他这个样子……为什么他会这样呢？

新潟县　　K女士

很多孩子在家里与在学校的表现不一样。我自己小时候也是这样，所以对此很了解。孩子在外面不能随心所欲地表现自己，这是因为害羞。但是在家里则很放松，可以无所顾忌地表现。

我的这种习惯一直到小学一年级才改过来。因为那时我明白了自己的定位，也培养了自信，而且适应了环境。

因此，我希望大家用发展的眼光来看待孩子的成长。只要孩子能够在家里充分发挥自己的能力，那么就不用担心。一旦他在某个时候建立了自信，情况就会发生改变。

目前的一个解决方法是，可以在家里进行"模拟学校"

的游戏。把家当做学校，让孩子站在大家面前，说"现在由××表演"之类的话，接着让孩子蹦蹦跳跳，就像学校的彩排一样。

此外，也可以在晚上睡觉前试试"5 分钟暗示法"。比如对孩子说："明天你在大家面前一定能举手发言，而且说得很好。"给孩子输入正面的心理暗示。

家里有两个孩子应该怎么训练

我的2个女儿都在七田真教室学习，大女儿2岁，小女儿1岁。

我们在家训练时，只能让一个孩子训练，因为顾得上大女儿，就顾不上小女儿。当家里有2个孩子时，该怎么进行训练呢？孩子中午要睡午觉，下午要出去玩，因此只能把训练尽量安排在上午，请问具体该怎么训练呢？

北海道　　Ｙ女士

当家里有2个孩子时，可以尽量让大女儿自己做，小女儿则由你来帮助完成训练。这样的话，既能培养大女儿的独立性格，也能帮助还不能自己做事情的小女儿。

但在这么做的时候，你一定要尊重大女儿，并给予她充分的爱。如此一来，即使你帮助了小女儿，大女儿也不会吃醋，还会帮着你照顾。

如果孩子的爸爸或者奶奶也在家，可以考虑让他们看着大女儿，你来照顾小女儿，或者也可以和小区周围的母亲们轮流照看孩子。

孩子不愿意跟母亲分开应该怎么办

儿子马上就3岁了，可是仍然天天跟在我身后，一会儿都离不开。除了七田真教室，儿子还上了其他课程。因为不愿意一个人去，所以我只好陪着他一起去。他跟我在一起时好像很开心，但让他自己待在房间里，他就很不乐意。从婴儿时期起，我就常常和他聊天、谈心，母子关系非常亲密。但明年他就要上幼儿园了，我希望他再独立一些，能够和大家愉快相处。

大阪府　　Ｈ女士

孩子始终无法独立，不愿意离开父母，是因为他的潜意识里存在着不安的情绪。为了消除这种情绪，让孩子放心地离开母亲，需要给予他"心的营养"。可以试试使用"8秒钟拥抱法"。为了使孩子从心底感到被爱和被认可，你要用力拥抱他。

如果孩子什么事情都没做，但你却夸奖他了，会让他觉得不对劲。因此，可以请孩子帮个小忙，制造夸奖他的机会。在孩子帮你做事后，紧紧抱住他8秒钟。这种方法能让孩子改掉尿床、吮手指、拒绝上学、不愿外出、不会交朋友、欺负小朋友等坏毛病。

　　为孩子的坏习惯而烦恼的母亲们，请不妨试试"8秒钟拥抱法"吧。

孩子非常怕生应该怎么办

我儿子1岁8个月了，他的戒备心很强。比如在公园，当其他孩子的母亲跟他讲话时，他也不笑，只是毫无表情地看着对方，有时还会躲在我身后，像要哭出来似的。大家经常对我说："是怕生吧？"我每天都会带他去公园，想让他适应环境，但是始终没什么效果。虽然我认为这跟我们刚搬来有关系，但是在此之前他就已经有这样的倾向了。怎样才能让孩子微笑着去接近他人呢？孩子怕生是什么原因呢？请您帮我分析一下。

爱知县　　S女士

你在怀孕期间，每天的心情怎么样？有没有因为什么而惴惴不安呢？

如果在妊娠期间无意间伤害了孩子，作为弥补，我建议使用拥抱法。这样有助于消除孩子内心的伤痛，他很快会变成一个非常自信、能够自然展露笑容的孩子。

孩子无法释放情绪应该怎么办

　　女儿自 9 个月大就在七田真教室学习。一直以来，我都希望把她培养成充满爱心、情感丰富的孩子。令人庆幸的是，她的确很有爱心，就连对花草和动物说话都很和气。当然她也从未使用过暴力，不曾说过谁的坏话。

　　但是幼儿园的小朋友们经常说她的坏话，或是疏远她。也许是因为之前我们一直教女儿"对朋友要和气""不许讨厌小朋友，也不许说讨厌小朋友的话"，所以在这种时候，女儿会一言不发，只是忍着。

　　或许其他小朋友对女儿并没有恶意，只不过是处在喜欢议论别人的年龄。但女儿被人说坏话后只是忍耐着，看上去很可怜，我看着也很心疼。我认为如果不去反驳，只是一味忍耐，那么同样的事情还会发生。因此我有时会想："应该教女儿反击……"但是又想，这样的话，就跟之前我所教的自相矛盾了，我不知道该怎么对女儿解释。我想把女儿培养成为既能明确表达自己的情绪，又能善待他人的孩子，我该怎样引导她呢？

爱知县　　W 女士

许多孩子被人欺负后都会一言不发、默默承受。如果这种孩子能够向对方明确、有力地说出自己的想法，不但不会再被欺负，还会在小朋友中建立威信。

不过这不是以牙还牙，而是让孩子学会明确且有力地表达自己的想法。

你可以尝试以下的方法。

1. 使用拥抱法向孩子充分表达你的爱。这样，孩子就会感受到自己被母亲爱着，会对自己的存在很有自信。一旦她意识到自己存在的意义，就能明确地说出自己的想法。

2. 使用"5分钟暗示法"，暗示孩子跟其他小朋友能成为好朋友。

如果家里有两个孩子，应该如何对待大一点的孩子呢

我有两个儿子，大儿子7岁，小儿子3岁。哥哥在弟弟出生前很开朗，是一个爱笑的健康孩子。但是，自从弟弟出生后，他经常一个人看书或者一个人玩，不论我对他说什么，他也只是点头或摇头，不怎么说话。

最初我并没有太在意，认为他也许是嫉妒弟弟，过不了多久应该就会恢复以前开朗的样子。可是弟弟出生已经3年了，他的自闭倾向却越来越严重。1年前我们开始上七田真教室，在老师的建议下，在家里我们也试了"5分钟暗示法"等方法，或许是我的做法有问题吧，好像没有什么效果。

今后我该怎么跟大儿子相处呢？

爱知县　　S女士

要想打开孩子的心灵，关键在于父母要充分地传达出爱。

当家里只有大儿子时，他可以独占父母的爱，可一旦有了小儿子，就不能再这样了。于是，孩子的内心开始发生微妙的变化，感觉得不到满足，开始产生嫉妒，甚至觉得自己被抛弃了，进而便会封闭自我。

父母必须要注意这一点。这时，如果父母对待孩子的方式不当，有可能给孩子的一生造成影响。

当小儿子出生时，父母不能一心只忙着照顾他，还是得多抽时间跟大儿子说说话，或者先拥抱一下他，在满足了他的内心情感需求后再去照顾小儿子。

如果你意识到自己忽略了孩子的心情，那么请从这时开始优先对待他吧。首先，请巧妙地夸奖孩子，满足他的愿望，这样孩子就会发生改变。另外，紧紧地拥抱孩子，并表达父母的爱，这也很重要。

充分感受到了爱的孩子，会安静地让母亲抱着。如果孩子讨厌被抱，这说明母子之间的亲密关系尚未建立。这时，不要让他躲避，而是应该紧紧抱住孩子，由衷地为自己的疏忽道歉。这样有助于重新建立母子间的信赖。

孩子不会交朋友应该怎么办

儿子6岁了，是独生子，一直备受宠爱。不过，我觉得他的性格很内向。前天，幼儿园的老师对我说："他经常一个人玩，无法融入小朋友的圈子。虽然他好像也想和朋友一起玩，但却不会主动和小朋友打招呼。"我试着询问儿子，他说："我也想和朋友一起玩，但是打招呼时我很紧张，所以虽然很孤单，我还是一个人玩。"

我希望儿子能更积极一些，更像一个男子汉。而且一想到他马上就要上小学了，我就更加不安，甚至对育儿也厌倦起来，没了自信。请您指点一下，我要怎么做才能让儿子变得自信积极呢？

山口县　N女士

要想把孩子培养成自信、积极的孩子，传达父母的爱是根本。在此基础上，认可和夸奖孩子所做的事，会使他充满自信。

要让孩子消除"我无依无靠，孤零零的"想法。你可以让孩子帮忙做事，并对他说："你能帮妈妈做事了，真不错。"同时，紧紧抱住孩子，传达自己的爱，这样孩子就会慢慢地发生改变。

　　此外，请在孩子晚上睡觉前，使用"5 分钟暗示法"，对孩子说："你长大了一定会成为了不起的人。在幼儿园大家都喜欢你，想跟你一起玩。爸爸妈妈也为把你培养成值得信赖的孩子而感到高兴。"

　　充分利用右脑的能力可以改变孩子内向的性格，使其变成一个能够充分发挥自己能力的孩子。

孩子喜欢打人怎么办

　　女儿2岁8个月了，最近或许是正处于叛逆期吧，她会经常动手打小朋友，使劲扯小朋友的头发。我想，女儿或许是不高兴才会这么做的，但是我担心这样下去她会变成一个蛮不讲理的孩子。

　　她对父母也是如此。如果我们提起她不喜欢或者不想做的事情，有时她也会动手打我们，尽管力道很轻。以前，即使小朋友动手打她，她也不会怎么样，因此我对她的这种变化感到非常担心，周围的邻居也说她跟以前不一样了。

　　思考一下孩子改变的原因，或许跟我有关。我曾因为她不听话，动不动就哭或感到烦躁，甚至有两三次忍不住动手打了她。尽管如此，她的这种性格还是让人没法接受。

新潟县　　U女士

　　孩子发生变化的确跟母亲的不耐烦和体罚有关。由此，可能会导致母子间产生鸿沟，孩子的内心得不到满足，所以才会做出打其他孩子的行为。仔细回忆一下你会注意到，应该就是从那时候开始，孩子才发生变化的。

　　为了消除对孩子的伤害，请尽快使用拥抱法，真诚地为给孩子造成的痛苦而道歉，充分传达你的爱，改善母子关系。这样的话，孩子的内心才会得到满足，才会变回从前那个和善的孩子。

181

孩子有打人、咬人等坏毛病，应该怎么办

我有两个儿子，老大 3 岁 8 个月，老二 1 岁 5 个月。由于哥哥无法跟弟弟在同一个学校学习，因此 8 个月前他就从七田真教室退学了。

自从离开学校后，我自作主张，一直没有给他做训练。之后，或许是因为上幼儿园了吧。哥哥似乎压力很大，如果弟弟没有按他的意思去做，他就会打人或者咬人，而且这种情况越来越频繁。虽然之后他也会道歉，说"对不起"，但是怎么也改不掉打人、咬人的行为，我也越来越容易发火。我知道这对孩子不好，而且对小儿子也会产生不好的影响。可是我该怎么跟孩子们相处呢？

东京都　　K 女士

巧妙地夸奖孩子、用母亲的爱充实孩子的心灵是相当必要的。一旦孩子的内心得到满足，压力就会消失，对弟弟也会变得很和善。

首先，创造一个夸奖孩子的机会。请孩子帮忙做一些力所能及的事，当孩子这么做了之后，请紧紧地拥抱他，并由衷地夸奖、认可他，充分传达出你的爱。"谢谢你帮助妈妈"，要像这样真诚地对孩子表达自己的谢意。由于得到了母亲的认可、夸奖和拥抱，感受到了母亲的爱，孩子就会感到满足，从而会逐渐改掉毛病。

光是斥责孩子的坏毛病是没有用的。创造机会由衷地夸奖孩子并传达父母的爱，这才是关键。不过，父母无缘无故地夸奖孩子效果不大，应该创造机会，自然地去夸奖孩子。

父母不要把他当做孩子来对待，而是把他当做独立的人来对待。同时，也不要认为如果不打骂孩子，孩子就不会明白道理。如果孩子觉得母亲需要他，他就会健康地成长。

孩子轻视朋友应该怎么办

　　最近，我留意到 4 岁的孩子说话时的用词有些问题。

　　对于孩子所说的和所做的，我会夸奖和认可。每当他做了好事，我都会说："真厉害了！"但或许是受此影响吧，孩子会说"我会做，但是有的小朋友不会做"这种轻视其他小朋友的话。前天，当我说："宝宝会用剪刀了，真棒啊！"他却说："有的小朋友就不会。我用得很棒呢！"孩子认为自己比其他人更优秀。自信当然是好事，但是这种说话方式会使孩子失去朋友，即使大人听起来也觉得不太好。

　　我应该怎么对待他呢？

广岛市　K女士

　　首先，你必须对孩子说："每个人都有自己的优点。有的事你会而其他人不会，但有的事其他人会而你却不会。"应该让他明白这个道理。

　　然后告诉孩子，虽然会做说明自己很棒，但如果因此而骄傲自满，就会使心灵变得肮脏。

　　如果试着问孩子："你喜欢心灵纯洁还是心灵肮脏？"

孩子应该会回答："喜欢心灵纯洁。"如此一来，我们可以教育孩子说："骄傲自满会玷污心灵。"与此同时，还要教会孩子使心灵变纯洁的方法——懂得谦虚和夸奖别人。每个孩子都想拥有纯洁的心灵，只要我们告诉他们如何做能使心灵纯洁，孩子就不会再骄傲自满了，而会慢慢变为谦虚善良的人。

如何让孩子开口说话

3 岁的儿子至今还不会开口说话。虽然也会咿呀学语，但是不会说如"爸爸""妈妈"等有意义的词语。不过，我们所说的话他全部都能理解，而且好像也认字。为了让他开口说话，我们应该怎么训练他才好呢？

静冈县　　〇女士

如果你的孩子无法开口说话，但能听懂别人说的话，而且也认字，那么请用拥抱法传达爱吧。只要消除了孩子内心的不安，他就会开口说话。

日语有最基础的五个元音。首先教孩子学习说"あ"（发音类似汉语拼音的"啊"）。让孩子放松脖子和肩膀的肌肉，模仿着说，如果能这么做，那就没什么问题。

如果孩子"啊"地大声喊起来，你就对孩子说："对，对，就是这样。"如果孩子说得很好，请马上夸奖他，这样他就能记住这个元音。

接着，教孩子学习第二个元音，让孩子认真地看你的口型并模仿。如果用这样的方法能够让孩子把五个元音都学会，那么便大功告成了。

　　另外，还可以将这五个元音做成卡片摆成一列，你读出发音，让孩子找出写着这个元音的卡片。这种游戏对于孩子开口说话也是很有效的。

如何培养患有自闭症的孩子

　　我的儿子上小学三年级了。在开始实施右脑教育后，他的记忆力变得非常好，最近在画画时，还能够画出脑中所想象的极其细微的内容。但是在学校，他跟朋友的关系并不好，从学校回来也只是玩游戏或者玩电脑……或许是为了消除紧张感吧，他有时能玩一个多小时，为此每天我都很恼火。我每天发火，儿子或许也很厌烦吧。

　　我家附近有一个公园，但他根本不去玩。不过在小学二年级之前，他在学校也会跟脾气温和的小朋友一起玩……据他的班主任说，偶尔轻轻拍他的肩膀，他也会回过头拍对方一下。不过他在班级活动中沉默寡言，似乎一直都郁郁寡欢。

　　在儿子一年级时，我去咨询过儿童福利中心的心理老师，说是轻度的自闭症。当时，心理老师让我将儿子送往智障学校，但是儿子的老师对他在汉字和计算方面的能力给予了高度评价。三年级时，儿子学习特别用功。尽管如此，班主任还是担心他在人际关系方面太孤立。我是不是可以像现在这样，让孩子在普通的学校里发挥他的长处呢？

匿名

右脑教育的基础是爱。如果每天都发火，就无法培养母子间的爱与信赖感。与其关注孩子的成绩，不如首先改善亲子关系，这才是解决问题的关键。

在育儿过程中，与其盯着孩子的缺点，不如主动发现他的优点，并对此进行认可和夸奖。只要向孩子传达了母亲的爱，孩子所做的事能够得到认可和夸奖，他就会发生改变。育儿的诀窍就在于认可、夸奖和爱孩子。

孩子对于认可、夸奖和爱自己的父母，会敞开心扉，并会按照父母的期待去努力。指责孩子是无法打动孩子的。

所谓自闭症，就是向周围的人紧闭心扉、漠不关心的一种状态。每个人都具有与周围的人愉快相处、融入集体的本能。这种本能是通过母子之间的爱来激发，并以此为基础建立起来的。如果母亲不能满足孩子的这种本能，他的内心就会感到孤独，渐渐地会将心紧闭起来。

因此，请暂时忘了学习的事情，努力改善与孩子之间的关系吧。

要想修复心灵的关系，我建议先播下"赞美的种子"。请孩子帮忙做些力所能及的事情，然后紧紧抱住孩子对他说："谢谢你帮妈妈做事。妈妈好爱你，妈妈的心永远跟你在一起。"只要感受到了爱，孩子就会认为"妈妈爱我、夸奖我，我的存在是有意义的"，逐渐会变得自信起来。

　　相反，如果父母只是一味地关心学习成绩，老是斥责孩子，那么孩子的内心会下意识地认为自己的存在毫无意义，父母不喜欢、不认可自己。这样的话，孩子会不自信，也无法与朋友相处，自闭的倾向会越来越严重。

　　育儿的基础是"接受孩子"。请试着接受孩子、爱他，使母子间心灵相通，还可以一起分享做家务的快乐。与学习相比，日常生活中的点点滴滴更能培养孩子的心性。

如何纠正孩子咬指甲的习惯

我家是双职工家庭，女儿从1岁起就送入保育院托管了。半年后，或许是看到她爸爸有咬指甲的习惯吧，女儿也开始咬起指甲。刚开始，我以为通过讲道理她会明白的，于是每天都苦口婆心地告诉她："细菌会进到肚肚里的，别咬指甲了。"而且还会使用"5分钟暗示法"，反复暗示她。我想，如果我太唠叨了，会不会适得其反呢？因此，我一直很留心，只要她一咬指甲，我就会通过其他的游戏吸引她的注意力。

我们一直在七田真教室上英语课，经常大声唱歌，在日常生活中也会尽量使用英语。即使只有晚上短短的相处时间，我也会尽量抱着女儿，并对她说"我爱你"之类的话来传达我的爱。

但是，如果女儿还一直咬指甲的话，注意力就始终无法集中，我觉得害处匪浅，因此想尽快帮她纠正过来。

广岛县　　K女士

所谓"本性难移"，大人尚且如此，更何况小孩。就如同你让抽烟的人突然戒烟一样，没法一下戒除。

191

要想纠正这个毛病，还是要通过"5分钟暗示法"。虽然你也在一直实践"5分钟暗示法"，但是不知道你的操作是否正确。

最好在孩子刚入睡时进行"5分钟暗示法"，你可以一边抚摸着孩子一边说："宝宝，妈妈这样抚摸着你，你会心情舒畅地睡觉。然后美美地睡一大觉，睡到明天早晨。"在确认孩子睡着后，就可以进行暗示了："妈妈很爱你，你再也不要咬指甲了。咬指甲很疼，而且不卫生，所以不要咬指甲了。只要手指一放在嘴边，你就自然地把手从嘴边拿开吧。"慢慢地，孩子就会改正这个坏习惯。

如何改变孩子挑食的习惯

　　女儿5岁6个月了，但是她挑食的习惯让我很烦恼。她不喜欢吃深色的蔬菜（如胡萝卜、菠菜、青椒等），尝都不愿意尝一口。她只喜欢吃水果，因此经常把饭碗推到一边，喊叫着"水果，水果！"如果我继续让她吃饭，对她说："先吃完饭再吃水果。"她肯定马上哭起来，直到我们让她吃水果为止。这么一来，就没办法吃饭了。我觉得不能这样，于是我不仅在烹调方法上下了很大工夫，还把碗筷换成了她喜欢的图案，尽自己所能努力着。但是女儿对味道很敏感，无论我把菜切得多么小，她都能马上知道是蔬菜。

　　我该怎么做才能纠正女儿挑食的习惯呢？

福岛县　　N女士

　　改变孩子的习惯确实很难，请试试"5分钟暗示法"是否奏效吧。在孩子刚入睡时，一边抚摸着孩子一边说："虽然你睡着了，但是肯定能听到妈妈讲话。妈妈非常爱你，希望你能成为开朗、健康的孩子。要想身体健康，就要好好吃饭。你不要挑食，什么蔬菜都要吃。只要吃了，就会发现很好吃，以后就喜欢吃了。"

　　只要巧妙地运用"5 分钟暗示法"，就一定能够改正孩子挑食的习惯。

孩子沉迷于动画片应该怎么办

　　2 岁的女儿对"面包超人"很着迷，每天只看"面包超人"的动画片，玩的时候也是扮演"面包超人"里的角色，而且她的梦想就是"长大以后要成为'面包超人'"。我问她："为什么想成为'面包超人'呢？"她回答说："想跟'面包超人'一样强大、善良，这样就可以帮助大家了。"虽然我觉得这没什么不好，可是每当看到女儿痴迷的样子，我还是隐隐有些担心，可以任由她这样发展下去吗？

和歌山市　　Ｔ 女士

　　孩子痴迷动画片里的角色，不管会持续多长时间，都是暂时的。随着不断成长，她的兴趣会自然而然地转移到其他事物上。

　　孩子痴迷一件事的性格其实并没什么不好，因为不久之后，这种特点还会在其他重要的事情上发挥同样的作用。

　　家长现在就可以考虑将孩子的兴趣往更好的方向上引导了。既然她喜欢"面包超人"，那么就可以把它与文字、数学的学习结合起来。

　　家长可以通过"面包超人"的游戏，教孩子学习平假

名片假名及数字等。这样，孩子就不会感觉到是在学习，而是觉得你在陪她做游戏。请想一想，可以通过"面包超人"跟孩子做哪些益智游戏呢？家长慢慢地就会发现，不管是画漫画还是编故事，可以教的东西其实是很多的。

利用孩子对"面包超人"的喜爱，可以培养她丰富的想象力和绘画才能，这不是很令人高兴吗？

不服用泻药能否治愈便秘

我一直为 2 岁 8 个月的女儿便秘而烦恼。女儿便秘的原因，可能是我以前教她上厕所时，老是要她坐在便盆或马桶上，因此她讨厌拉出便便，总憋着。当拉便便时，她会一边拉一边哭。虽然我也试着使用"5 分钟暗示法"，但是只要我一开口，她要么把脸转向一边，要么厌烦地用手捂着脸。我在与女儿相处时，也变得战战兢兢，亲子关系一直不是很和谐。请教一下有什么好办法可以改变这种状况？

福冈市　　N 女士

你如何使用"5 分钟暗示法"，这是关键所在。在使用"5 分钟暗示法"时，请一边抚摸着孩子一边对她说："妈妈这样抚摸着你，你一定很舒服吧？很快你就能心情舒畅地睡着了。"这样可以让孩子每天都心情愉快地进入梦乡。请不要急着给孩子暗示。如果要进行暗示，请这么说："妈妈非常喜欢你。妈妈的心永远和你在一起。"刚开始只需停留在表达爱的阶段，不要给予孩子有关排泄方面的暗示。

当孩子习惯了你的"5 分钟暗示法"，不再有抵触心

理时，你再对孩子说："你明天早上醒来，能在卫生间顺利地尿尿和便便了。"

不要奢望暗示一次就有效，你必须首先正确传达你的爱。只要孩子感受到了爱，就不会再抵触你的话了。请摈弃想让孩子做什么以及做好什么的想法，先向孩子传达爱，这才是解决问题的关键。

后记　我们为什么要向中国家长介绍"七田真"

每一位父母都会在孩子身上寄予希望：希望他健康、希望他自信、希望他有一颗坚强且温柔的心、希望他有一个美好的将来……这些美好的希望，是父母之爱的自然反映。但希望是希望，终归需要科学的教育方法来引导、促成这些希望的实现。

在日本著名的企业家、教育家大前研一先生的指引下，我对教育产生了越来越浓厚的兴趣，最早我关注的是成人教育领域，但是很快我就发现，能对人产生最大影响的时期其实是婴幼儿时期，这个关键的时期，父母起着决定性的作用。

在进一步的研究中，我发现，在日本，早教市场占据首位的是"七田真"。

七田真先生的核心教育理念

1.右脑教育

七田真先生极其注重右脑教育，并被越来越多的人所认可。

为什么右脑教育如此重要？简而言之，因为现代社会自动化程度日益提高，很多左脑擅长的事情，电脑逐渐都能取代。而右脑的能力，共情力、创造力、整合力……却是目前的机器无法取代的。"全球最具影响力的50位商业思想家"之一丹尼尔·平克也曾预言，未来社会比较看重这六种思维能力——设计感、娱乐感、意义感、故事力、交响力、共情力。纵观这六种能力，都是右脑的长项。

☆可以说，右脑思维者更适应未来。

再来回顾一下七田真先生关于右脑的核心教育理念，他指出：

① 传统教育侧重左脑教育，但未来更适合擅长右脑思维的人。孩子在6岁之前是右脑优势，我们需要在孩子6岁前给予更多的引导，实现左右脑均衡发展。

② 早期教育越早越好，从胎儿期即开始，胎儿是人一生中心灵感应最强的时期。

③ 早教并非灌输知识，而是培养孩子的心性。

④ 情商教育更容易帮助一个人成才，右脑的开发，

能极大提升孩子的情商。

⑤ 教育的终极目标是培养独立思考和判断的能力。

2. 爱、严格、信赖

七田真先生希望父母们"爱、严格、信赖"自己的孩子。

父母的爱与信赖是潜能被激发的基础，感受到父母的爱与信赖的孩子更快乐，潜能才会自然流出；而没有"严格"的爱只能是溺爱。

越来越多的中国家长选择七田真早教

一个早教品牌取得广泛的认同绝不是偶然的，七田真先生的教室在全球活跃了50多年，在13个国家和地区建立了557个教学中心，一代又一代的家长和孩子在"七田真教室"受益、成长，心灵得到了滋养，才能得到了觉醒。

而在中国，七田真国际教育也已经在北京、上海、广州、深圳、昆明拥有了12家直营中心，听听大家的感受，或许你就能明白为什么越来越多的中国家长会选择"七田真"：

"七田真的老师会理解孩子的全部，连我都觉得心里变得温柔舒服起来。"

"掌握了想象力、集中力、直感力后，在他喜欢的体育方面也非常有用。"

"坦率地说，家长每周也在成长。"

"孩子学会了持之以恒，并能够自主学习。"

......

我们为什么选择这6本书

选择总是艰难的。

七田真先生著作颇丰，在日本出版的有200余种，中国曾引进出版过的也已超过20种。在我们将所有的版权都逐一收回整合后，仔细甄别、精选了最能代表七田真先生思想和方法，并适用于中国家长和孩子的内容，最终确定了这套新的早教经典——"七田真早教经典系列"。

1.《七田真胎教法》：胎儿是人一生中心灵感应能力最强的时期。

2.《七田真：0~6岁右脑教育法》：右脑思维者掌控未来。

3.《七田真：爱与规则》：在爱的基础上，建立规则，孩子才能成才。

4.《七田真：培养优秀宝宝父母必上的 7 堂课》：父
母这样做，孩子就有学习力、创造力、判断力、同情心，
能够努力向上、能忍耐、能自我成长。

5.《七田真：情商教育法》：抓住情商培养的关键期，
提升孩子对情绪的感知能力和掌控能力。

6.《培养右脑思维的 33 个亲子游戏》：在游戏中激
发右脑的潜能。

日本近代文明启蒙人物冈仓天心曾提到，茶道是一种
对"不完美"的崇拜，是在我们都明白不可能完美的生命
中，为了成就某种可能的完美，所进行的温柔试探。

其实，教育也是如此。孩子的成长没有回头路可走，
因此我们更愿意尽最大努力，把更符合我们东方人价值观
的教育理念推介给大家，帮助更多的家长，实现他们寄托
在孩子身上的美好希望。

当然，因为受限于作者成书时脑科学的研究进展，难
免有少量内容不符合最新发现，但七田真基于脑科学和心
理学发展而提出的全脑开发和心灵教育理念仍会让当代父

母受益匪浅。

希望我们的爱能持续照耀孩子们前行的路。

七田真国际教育 CEO

（马思延）

七田真早教经典系列

七田真胎教法
978-7-122-25905-9
定价：36.00 元

七田真：
0~6 岁右脑教育法
978-7-122-25763-5
定价：36.00 元

培养右脑思维的
33 个亲子游戏
978-7-122-25762-8
定价：36.00 元

七田真：
培养优秀宝宝父母
必上的 7 堂课
978-7-122-25811-3
定价：36.00 元

七田真：
情商教育法
978-7-122-25802-1
定价：36.00 元

七田真：
爱与规则
978-7-122-25803-8
定价：36.00 元

七田真国际教育公众号